폴리아모리

폴리아모리

새로운 사랑의 가능성

후카미 기쿠에 지음
곽규환 · 진효아 옮김

해피북미디어

시작하는 말

내가 초등학생 때다. 친구들이 내게 좋아하는 사람이 있냐고 물었을 때 "같은 반에서는 ○○, 옆 반에서는 ××, 한 학년 위에는 □□"라고 답했던 기억이 난다. 그때는 여러 명을 동시에 좋아하는 게 별난 일이 아니었다. 당시 여자 아이들 사이에서는 교환 일기가 유행했는데, 일기 교환이 시작되면 정해진 수순처럼 각자 좋아하는 사람을 3위까지 적어 서로 공유했다. 우리는 동시에 여럿을 좋아하거나, 둘 중 한 명을 고를 수 없을 만큼 똑같이 좋아한다 해도 그것을 전혀 이상하게 여기지 않았다.

어릴 때는 동시에 여럿을 좋아해도 이상하지 않은데, 왜 어른이 되면서 한 사람만을 사랑하게 되는 걸까? 나 또한 중학교에 입학하고 연애를 시작하면서 남자친구가 나만을 봐주길 바라는 소녀로 변해갔다. 초등학교, 중학교 교과 과정에 '사랑'에 관한 수업은 없다. 그런데도 아이들은 점차 일대일만이 올바른 사랑의 형태라고 생각하게 된다. 이런 상식은 대부분 가까운 어른들에게서 또는 만화나 TV 드라마, CF, 노래, 소설, 영화 등을 통해 전파되는 것이다. "너만을 바라보고 있어"라는 투의 가사. 한 사람만을 사랑하는 아름다운 주인공. 연예인들의 불미스러운 불륜 소동…… 이 세상은 일대일의 사랑만을 찬미하는 콘텐츠로 넘쳐난다.

나도 모르는 사이에 익히게 된 사랑에 관한 '상식'
= 한 사람만을 사랑하기
= '올바르고' '진실한' 사랑

그러나 동시에 여러 명을 사랑한다고 해서 그 사랑이 진정한 사랑이 아니라고 단정할 수 있을까? 독자들에게 묻고 싶은 질문이 있다. 아래의 항목에 '예', '아니요'로 솔직하게 답해주길 바란다.

① 교제 중인 상대 이외의 다른 사람을 좋아해 봤다.
② 남편이나 아내가 있지만 데이트하고 싶은 사람이 있었다.

③ 이미 파트너(연인/배우자)가 있는 사람을 좋아해 봤다.

독자들은 위 질문에 적어도 한 번은 '예'라고 답했을 것이다. 파트너가 있어도 다른 누군가에게 마음을 빼앗기거나, 우연히 파트너가 있는 상대를 좋아하게 되는 건 어쩔 수 없다고 생각한다. 누군가에게 끌리게 되는 건 의지와 상관없이 일어나기 때문이다.

그렇다면 대체 왜 여러 사람을 좋아하는 일이 문제인 건가? 이 질문에 답하기 위해 몇 개의 질문을 더 던져보려 한다.

④ 사실은 '바람'을 피워봤다.
⑤ 사실은 '양다리'를 걸쳐봤다.
⑥ 사실은 '불륜'을 저질러봤다.

몇 명이 '예'라고 답했는지 모르겠지만, 그 앞의 질문에서 '예'라고 답한 사람보다는 그 수가 적을 것이다. 많은 이들은 '좋아하게 되는 건 어쩔 수 없지만 행동으로 옮겨서는 안 돼', '정신적 바람은 괜찮지만 육체적 바람은 용서 못 해'라고 생각한다. 실제로 기혼자가 배우자 이외의 사람과 성애* 관계를 맺거나 기혼인 상대와 성애 관계를 가지면 법에 저촉된다. 일본과 미국을 비롯하여 현대의 많은 나라는 '모노가미monogamy'** 사회다. 일대일을 성애 윤리로 삼는 모노가미 사회에서 기혼자의 '바람(외도)'과 '불륜'은 허용되지 않는다. '바람', '양다리', '불륜' 등은 비윤리적이고 '옳지 않은 일'로 치부된다.

하지만 아무리 법률이 바람과 불륜을 '비윤리적'이라 규정하고, 세상 사람들이 '올바르지 않다', '하면 안 된다', '진정한 사랑이 아니다'라고 손가락질해도, 당사자는 진심으로 그 상대를 사랑할 수도 있다. 또한 다른 사람을 만난다고 해서 현재(공식) 파트너를 향한 사랑이 진실하지 않다고 단정 지을 수 없다. 현재 파트너를 진심으로 사랑하면서 다른 사람을 사랑하게 될 가능성 역시 충분히 존재한다. 단지 이런 상황에 대해 사랑하는 파트너에게 거짓말을 하고 숨겨야 한다는 사실이 힘들

* 성애 : 성적 욕망과 사랑의 신을 나타내는 그리스어 에로스eros에서 유래했다. 성애는 육체적 접촉과 밀접한 성욕sexuality과 낭만적 사랑을 중심에 두는 연애romance 개념을 모두 포괄한다.

** 모노가미 : 일부일처제. 혹은 1:1의 성애 관계를 의미하기도 한다.

뿐이다. 파트너를 상처 주고 싶지 않다면 다른 사람을 사랑한다는 사실을 숨길 수밖에 없다. 이런 노력은 어떤 의미에서는 파트너를 위한 배려이기도 하다. 하지만 사랑하는 사람에게 거짓말을 하는 건 역시 괴롭다. 상대를 소중하게 생각할수록 '배신하고 있다'는 것을 실감하기 때문이다. 대부분은 죄책감에 시달리다 최종적으로 한 사람을 선택하면서 그 상태를 끝내버린다. 독자들도 이런 경험이 있는가? 우리가 사는 모노가미 사회는 한 사람만을 사랑하고 정절을 지켜내는 것을 진실한 사랑의 증거로 여긴다. 아무리 진심을 다해 사랑해도 상대가 한 사람 이상이라면, 사랑의 진실함을 전할 길이 없다.

그러나……

'여러 사람을 진심으로 사랑한다'는 자신의 감정을 속일 필요가 없다고 생각하는 사람들이 있다. 그들은 '일대일의 사랑만이 옳다고는 할 수 없다', '사회적 규범이 사랑을 규정할 수 없다', '사랑하는 사람의 수는 자신의 의지로 결정해야 한다'고 주장하며 새로운 선택지를 만들어냈다. 바로 동시에 여러 파트너와 함께 '진실'한 관계를 구축하는 길이다. 다자간 사랑의 가능성을 탐색하는 그들은 이 사랑의 형태를 '폴리아모리polyamory'라고 명명하였다. 다자간의 사랑이긴 하지만 폴리아모리에는 조건이 있다. 자신과 관계하는 모든 이들에게 교제 상황을 공개하고, 합의를 통해 관계를 맺는다. 따라서 파트너에게 다른 사람들과의 관계를 숨기는 자는 폴리아모리가 아니다. 또 폴리아모리는 성적인 관계 맺기를 목적으로 하는 스와핑과는 구별된다. 폴리아모리스트가 지향하는 관계는 감정적/정신적으로 깊이 소통하는 지속적인 관계다.

폴리아모리의 매력은 무엇일까? 예를 들어 마린은 폴리아모리를 "자신의 감정과 소중한 사람에게 모두 진실하고 정직할 수 있는 건강한 삶의 방식"이라고 주장한다. 연인이 아닌 다른 사람이 좋아져도 자신의 감정을 속이고 애써서 한 사람만을 선택하지 않아도 된다. 남편이나 아내에게 숨기지 않고 다른 사람을 사랑할 수 있다. 반대로 자신의 파트너에게 좋아하는 사람이 생겨도 '좋아하는 사람이 생겼다'는 이유만으로 버려질 걱정을 하지 않는다.

동시에 여러 사람을 좋아하게 된 자신과 파트너를 부정하지 않고, 오히려 그러한 자신과 파트너를 '있는 그대로' 받아들이려 한다. 이것이 폴리아모리의 매력이며 지향점이다.

이 성애 스타일은 최근 몇 년간 미국 도시들을 중심으로 번져갔다. 폴리아모리스트의 증가와 함께 관련 공동체와 협력 단체가 만들어졌다. 매뉴얼 북과 잡지, 폴리아모리 전문 라디오국, 상담사, 변호사 등도 등장했다. 일본에서는 아직 많이 알려지지 않았지만 폴리아모리는 하나의 운동으로 발전 중이다.

사람들은 무슨 이유로 폴리아모리를 선택하며 사랑하는 사람들과 어떻게 관계를 유지하고 있을까? 이런 질문들에 답하며 자연스럽게 폴리아모리를 소개하는 것이 이 책의 목적이다.

책의 주요 이야기와 데이터는 총 14개월에 걸친 미국 현지조사를 통해 얻은 것이다. 이때 폴리아모리스트를 인터뷰하고 폴리아모리 그룹 참여 관찰을 진행했다. 처음 미국에 건너가 현지조사를 시작한 것은 2008년 여름이었다. 아래는 처음으로 '폴리아모리'를 만났을 때의 에피소드다.

당시 나는 샌프란시스코 교외에서 생활하던 한 부부의 자택을 방문했다. 남편 브루스는 대학에서 일했고 아내 린다는 정원사였다. 두 사람은 결혼한 지 29년째, 폴리아모리를 실천한 지 8년째인 부부다. 나는 두 사람에게 둘의 첫 만남부터 폴리아모리를 결심하게 된 순간까지의 경위와 현재 생활에 대해 물어봤다. 대화를 즐기는 린다가 주로 대답했고 조용한 성격의 브루스는 가끔씩 입을 열었다.

2시간 정도 흘렀을 즈음, 현관의 벨 소리와 함께 한 여성의 목소리가 거실까지 울렸다. 곧 체격이 좋은 금발 여성이 등장했다. 그녀는 "이거 우리 집 정원에서 딴 레몬이야"라며 린다에게 종이봉투를 건넸다. 담소를 나누고 있는 둘은 언뜻 보면 사이좋은 자매 또는 친구처럼 보였다. 둘 사이의 인사가 끝나자 린다는 내게 그녀를 소개했다. "남편의 애인 마린이에요. 방금 전에 얘기했었죠." 나는 브루스에게 5년 동안 교제 중인 여자친구가 있다는 사실을 이미 몇 분 전에 전해 들었다. 그럼에도 불구하고 혼란스러웠다. 얼마 후 브루스가 "이만 갈까"라고 말하며 소파에서 몸을 일으켰다. 브루스와 마린이 데이트 하러 가는 것이다. 린다는 현관까지 그들을 배웅했다. 브루스와 린다는 포옹과 함께 사랑한다 말하고, 마린과 린다는 정겹게 인사를 주고받았다. 린다는 차에 올라타는 두 사람을 온화한 표정으로 바라봤고 곧 마린과 브루스는 멀어져 갔다.

이미 대략의 상황을 알고 있었지만 실제로 보니 놀라웠고 충격이었다. 이 놀라움과 충격은 곧 새로운 질문들로 바뀌었다. 왜 자기만 바라보길 바라지 않을까? 다른 사람을 사랑한다는 걸 알면서도 어떻게 관계를 유지할 수 있지? 그들은 대체 어떤 유대 관계를 갖고 있는 걸까? 폴리아모리스트들은 나의 의문들에 정성껏 답해줬다. 하지만 머리로는 애써 이해하더라도 마음으로는 수용하기 어려웠다. 이것이 첫 현장조사 당시의 솔직한 나의 감상이다.

2011년부터 2012년까지 약 10개월간, 로스앤젤레스에서 현지조사를 재개했다. 나는 폴리아모리스트들과 정기적으로 만나려 노력했다. 더 정확히 말하자면 폴리아모리를 실천하는 친구들을 얻었다. 같이 식사하고 그들의 집과 직장에 방문했으며 기념일들을 함께 챙겼다. 그들이 늘어놓는 직장에 대한 푸념이나 연애담을 들어주기도 하고, 그들이 내 고민을 상담해주기도 했다. 이 과정에서 나는 그들이 서로 싸우거나 배려하는 모습을 볼 수 있었다. 폴리아모리스트의 일상 속으로 들어간다는 것은 그들의 윤리관과 사고방식을 실제로 대면하게 된다는 뜻이다. 나는 폴리아모리 매뉴얼 북에 적힌 내용, 내 질문들에 대한 폴리아모리스트의 대답, 그리고 실제로 본 그들 간의 교류, 웃음, 한숨 등을 연결하는 감각을 배워나갔다. 어느 사이에 '진실한 다자간 사랑'이란 말은 그들의 기쁨과 슬픔, 갈등과 불안, 희망과 소망, 이 전부가 집약된 무엇으로 내 눈앞에 나타났다. 이 책에서 나는 내가 경험한 폴리아모리스트들의 실질적인 상황과 목소리, 그리고 그들의 사고방식과 독자적인 윤리를 전달하고 싶다.

아직(2015년) 일본에서 '폴리아모리'라는 말을 알고 있는 사람은 많지 않다. 폴리아모리가 많이 알려지지 않은 까닭은, 일본어로 읽을 수 있는 폴리아모리 관련 문헌과 사이트가 부족하기 때문이다. 그러나 내가 이 연구에 착수한 8년 전(2007년)과 비교하면 폴리아모리라는 단어를 접할 기회는 점점 늘어나고 있다. 얼마 전 한 파티에서 폴리아모리라는 단어를 우연히 듣게 됐다. 이성관계에 대해 질문을 받은 한 30대 남성이 "나는 폴리아모리스트 입니다."라고 대답하는 게 아닌가. 나는 그에게 보다 자세한 상황을 물어봤다. 그는 두 사람의 여자친구가 있고 둘 모두를 진심으로 사랑하고 있으나

이 사실을 그들에게 공개하진 않았다고 이야기했다. 내 입장에서 봤을 때 그것은 '폴리아모리'가 아니다. 그저 '그 나름대로 진실한 양다리'다. 숨겨서 행하는 '양다리', '세 다리', '바람'과 '불륜'이 나쁘다고 말하려는 게 아니다. 그것도 하나의 사랑일 수 있다. 타인의 사랑에 대해 선악을 판단할 권리는 그 누구에게도 없다는 게 나의 지론이다. 다만, 자신의 편의에 따라 '폴리아모리'라는 말(개념)을 남용하지 않길 바랄 뿐이다. 무단으로 이 말을 사용하고 남용하는 것은 내가 지금까지 만나왔던 미국 폴리아모리스트들의 노력을 짓밟는 것과 다름없기 때문이다. 이 책은 이러한 문제의식을 출발점으로 삼고 있다.

이 책의 사례와 현지조사 에세이에 등장하는 인물들의 이름은 사생활 보호를 위해 가명을 사용한다. 같은 이유로 인종도 기재하지 않았다. 정보 기재를 허락한 사람에 한해서 실명과 인종을 표기했다. 또한 편의상 '남성' '여성'이라는 단어를 사용하지만, 개인적으로는 인간의 성性이 단 두 개의 틀에 맞춰질 수 없다고 생각한다.

차례

일러두기

1. 일본어, 영어는 국립국어원 외래어 표기법을 기준으로 외래어 발음에 최대한 가깝게 표기한다.
2. 전문용어나 신조어 중 정확한 대응 한국어가 존재하지 않을 경우 외래어 발음을 따른다. 예) 폴리아모리polyamory
3. 모든 각주는 역자의 설명이다.

1

폴리아모리란

어머니를 향한 아버지의 사랑은 확실히 독특했다. 연애와 같은 단순한 감정만은 아니었다. 당시 아버지는 주변에 이렇게 말하곤 했다. “나는 가노코를 단지 아내로서만 사랑하는 게 아니야. 그녀에 대한 내 사랑은 더 깊고 커.”

-오카모토 다로*

폴리아모리는 1990년대 초 미국에서 만들어진 신조어다. 그리스어 접두사 복수(複数, poly)와 라틴어 명사 애(愛, amor)를 결합한 것이다. 옥스퍼드 영어사전에는 폴리아모리를 '동시에 여러 명의 파트너와 감정적으로 깊게 관여하는 친밀한 관계를 구축하는 것, 모든 파트너와의 합의를 바탕으로 성적 파트너를 동시에 두 명 이상 가지는 행위'라고 정의한다. 그러나 폴리아모리는 단일하게 규정하기 힘들다. 매뉴얼 북과 폴리아모리 그룹에 따라 가지각색이기 때문이다. 정의하기 어렵다는 것 역시 폴리아모리의 특징 중 하나다. 따라서 이 장에서는 다양한 삶의 모습을 통해 폴리아모리의 여러 정의를 알아본다.

삼각형을 살아가다

먼저 나를 폴리아모리 연구에 착수하게 만든 에쿠니 가오리의 소설 『반짝반짝 빛나는』에 대해 얘기해보자. 이 소설은 알코올중독자 쇼코와 그녀의 남편이자 동성애

* 오카모토 다로(岡本太郎, 1911~1996): 일본의 대표적인 아방가르드 화가이자 조각가이다.

자인 무츠키, 그리고 무츠키의 연인인 곤의 이야기를 엮어낸 연애소설이다. 쇼코와 무츠키는 서로 애인을 가지는 것에 합의한 뒤 결혼했다. 쇼코와 무츠키의 오픈 매리지open marriage는 폴리아모리의 한 모습을 보여준다. 이야기는 쇼코와 무츠키의 결혼 열흘 뒤 무렵부터 시작된다. 쇼코는 곤과 만나지 않은 상태에서 무츠키의 이야기만을 통해 남편의 애인인 곤에 대해 알아간다. 이후 쇼코와 곤이 직접 만나고 둘의 감정 교류가 시작되면서 셋은 무츠키를 정점으로 하는 삼각관계에 돌입한다. 요시모토 다카아키에 따르면 삼각관계란 한 사람이 두 사람과 연애를 하며, 그 두 사람이 서로 아는 사이인 경우다. 삼각관계를 묘사하는 소설은 대부분 한 사람을 사랑하는 두 사람이 사랑을 쟁취하기 위해 싸우는 구도를 선택한다. 요시모토가 나쓰메 소세키의 『마음』을 예로 들며 말한 것처럼, 삼각관계란 "세 사람이 각각 궁지로 몰려 자멸하든지, 한 사람이 사라지든지 할 수밖에 없다". 그러나 『반짝반짝 빛나는』의 세 명은 어떻게 해서든 삼각관계를 유지하기 위해 서로 배려한다. "가끔 곤이랑도 만나는 게 어때?", "분명 외로워하고 있을 거야"라고 남편의 애인을 걱정하는 쇼코. 쇼코와 무츠키의 관계가 잘 유지될 수 있도록 마음을 쓰는 곤. 그리고 복잡한 감정을 품고 있으면서도 자기 나름대로 성실하게 쇼코 및 곤과 관계를 유지하는 무츠키. 각자의 배려는 서로의 유대를 깊게 하지만 때로는 의도와 다르게 상대에게 상처를 주기도 한다. 세 사람은 갈등하면서도 자신들의 관계를 지키려 최선을 다한다. 그들은 왜 이렇게 삼각관계에 연연하는 걸까. 쇼코를 예로 들어보자. 그녀가 삼각관계를 유지하려는 건 "무츠키와의 생활을 지키고 싶어" 하기 때문이다. 그러나 점차 삼각관계 자체가 쇼코에게 중요해지기 시작한다. 가령 친지 모임에서 쇼코의 부모가 무츠키에게 "자네는 그 뭐 애인과 헤어져야지"라고 추궁하자 옆에 있던 쇼코가 "무츠키가 곤이랑 헤어진다면 나도 무츠키랑 헤어질 거야"라고 말해 친척들이 아연실색하는 장면이 나온다. 또 의사인 친구에게 인공수정 상담을 받던 쇼코는 무츠키와 곤의 정자를 시험관에 섞어서 수정할 수 있는지 묻기도 한다. 경악하는 친구에게 쇼코는 "그렇게 하면 모두의 아이가 된다고 생각했어" 라고 담담하게 말할 뿐이다. 이런 쇼코의 발언과 행동을 보면 곤을 단지 사랑하는 사람의 애인으로만 생각하는 게 아니다. 쇼코는 그를 필수적인 어떤 존재로 여기고 있다. 이 소설에서 쇼코와 무츠키는 섹스리스다. 하지만 쇼코가 무츠키를 사랑한다는 사실은 소설 속 몇 장면에서 충분히 확인할 수 있다. 세 명의 관계가 점차 어긋난다고 느낀 쇼코가 "왜 무츠키 따위를 좋아하게 된 걸까" 자문하는 장면, 곤으로부터 "나는 남자가 좋은 게 아니야, 무츠키라서 좋은 거야"라는 말을 듣고, 떨리는 마음으로 '나도 마찬가지야'라고 속으로 생각하는 장면 등에서 처럼, 섹스가 없을 뿐 쇼코와 무츠키는 서로를 특별한 사람으로 여기는 관계를 구축한 것이다. 뿐만 아니라 삼각의 밑변을 구성하는 쇼코와 곤 또한 성을 매개로 하지 않는 독특한 애정 관계를 맺는다. 『반짝반짝 빛나는』에는 폴리아모리의 세계가 그대로 그려져 있다.

내가 이 소설과 만난 것은 고등학교 2학년 때다. 당시 나는 남자친구와 둘만의 세계를 만드는 데 열중하고 있었다. 일대일의 사랑만이 올바른 사랑의 형태라고 믿었고 그의 여성 친구들마저 방해꾼처럼 여겨졌다. 그런 나에게 『반짝반짝 빛나는』의 세계는 이질적이었다. 특히 쇼코와 곤처럼, 사랑하는 사람을 공유하면서 서로 배려하는 관계는 신기하고 기묘했다. 이런 애정의 세계가 현실에 있기나 한 걸까. 지금 돌이켜보면 그때의 놀라움과

의문이 폴리아모리 연구를 시작한 지점이었던 것 같다. 그리고 10년 후, 나는 복수의 사랑을 하는 사람들과 실제로 만나고 깊이 교류하게 된다.

당신에게 폴리아모리란

현실 세계에서 폴리아모리를 실천하고 있는 사람들은 자신들의 사랑을 어떻게 인식하고 있을까? "당신에게 폴리아모리란 무엇입니까?"라는 질문에 대한 그들의 답을 참조해보자. 폴리아모리를 떠올릴 때 자주 등장하는 단어는 '공개', '합의', '책임', '성실', '자유', '협력', '커뮤니케이션', '신뢰', '존경', '감정', '지속적' 등이다. 특히 부정적인 단어에는 '(사랑하는 사람 몰래 하는) 바람', '거짓말과 비밀', '속박', '섹스파트너', '일시적인 관계'가 있다. 이 이질적인 단어들은 폴리아모리의 다양한 면모를 암시한다. 폴리아모리의 기저에 흐르고 있는 사고와 철학은 이 책 전체를 관통할 것이므로 일단 폴리아모리의 네 가지 특징을 먼저 알아보자.

합의에 따른 '열린 관계'

반복하자면 폴리아모리는 자신의 교제를 공개하고 합의한 후에 만들어가는 복수의 사랑(複数愛)이다. 모노가미 사회에서 "당신 말고 사랑하는 사람이 있어"라는 말은 두 사람 사이가 끝났음을 뜻한다. 이런 이야기는 대부분 더 교제할 의지가 없거나 관계를 끝내고 싶을 때, 혹은 관계가 끝날 것을 각오하고 나서야 상대에게 말할 수 있다. 그래서 모노가미 사회에서 바람을 피우거나 불륜을 저지르고 있다는 사실을 자진해서 파트너에게 고백하는 사람은 많지 않다. "번거로운 일을 피하고 싶어서", "파트너에게 상처를 주고 싶지 않아서", 또는 "파트너에게 버림받고 싶지 않아서" 등등의 이유 때문이다. 반면 폴리아모리는 "당신 말고 사랑하는 사람이 있어요(또는 사랑하는 사람이 나타날 가능성도 있어요)"라고 파트너에게 고백한 후에야 시작하는 사랑이다. 폴리아모리스트는 사랑하는 사람에게는 거짓말을 하지 말아야 한다고 생각한다. 당신은 소중한 존재이기 때문에 내가 누군가를 사랑하고 있는 상황, 즉 '있는 그대로의 나 자신'을 솔직하게 전하고 싶다는 이야기다. 그들은 자신들의 파트너 역시 마찬가지였으면 좋겠다고 한다. 이런 생각과 소망이 폴리아모리의 조건인 '열린 관계'의 저변에 깔려 있다.

신체적 · 감정적으로 깊게 관여하는 지속적 관계

폴리아모리의 이야기를 여러 사람과 섹스를 하기 위한 핑계로 치부하는 사람도 있을 것이다. 이에 맞서 폴리아모리스트는 '감정적 유대'를 강조한다. 자신들의 성애가 단지 섹스를 목적으로 삼는 게 아니라는 사실을 주장하기 위해서다. 그들은 파트너를 교환해서 섹스를 하는 스와핑 그룹과 자신들을 차별화하고 있다(8장 마이크와 지나의 사례 참조). 폴리아모리스트는 자신이 사랑하는 특정 사람들과 친밀하고 지속적인 관계 구축을 지향한다. 실제로 여러 명의 파트너와 함께 가족을 형성한 폴리아모리스트도 많다(9장 폴리패밀리 참조).

소유하지 않는 사랑

상대가 '나만 바라봐'주길 바란 적은 없는가? 오로지 일대일의 배타적 사랑을 전제로 하는 모노가미 사회에서 커플은 속박을 당연하게 여긴다. 그리고 많은 부부는 배우자를 소유할 권리가 있다고 생각한다. 반면 폴리아모리스트는 '파트너가 되는 것'과 '소유하는 것'이 다르다고 여긴다. 많은 폴리아모리스트는 파트너를 소유하려는 행위는 서로의 성장을 방해한다고 주장한다(6장 질투 사례 참조). 이는 사랑의 무한성을 고려하는 폴리아모리의 사상 때문이다. 한 폴리아모리스트의 설명을 예로 들어보자. "두 명의 아이가 있는 부모가 한 명의 아이를 가진 부모에 비해 아이에게 애정을 덜 쏟을 것이라고 말할 수 있는가? 사랑은 상대방의 수에 따라 분할되는 유한적인 것이 아니다." 즉 사랑은 무한하므로 배타성에 얽매일 필요도, 서로를 구속할 의미도 없다는 이야기다.

결혼제도에 구애받지 않는 의지와 선택에 따른 사랑

'복수의 사랑'이란 말을 듣고 일부다처제 혹은 일처다부제 등의 '폴리가미polygamy'*를 떠올리는 사람이 많다. 만약 일부다처제의 나라에서 태어나고 자랐다면 남성 1인에게 여러 명의 아내가 있어도 이상하게 여기지 않을 것이다. 아버지와 친구들 모두 몇 명의 아내가 있고 자신도 그러할 테니까. 그러나 폴리아모리는 일부일처제

* 폴리가미polygamy : 일부다처제, 일처다부제를 뜻함. 혹은 1:다수의 성애 관계를 지칭하기도 한다.

의 나라인 미국에서 생겨난 성애 스타일이다. 폴리아모리스트는 일대일의 성애가 기준인 사회에서 여러 사람과 사랑한다. 사회규범에 구애받지 않고, 스스로의 의지와 선택에 기반을 두는 사랑이다. 하지만 폴리아모리는 모노가미에 대치되는 개념이 아니다. 폴리아모리스트는 일대일의 관계를 부정하지 않으며 자신들의 성애 스타일만이 옳다고 주장하지도 않는다. 그들은 사회규범과 결혼제도를 무조건적으로 수용하기보단 자신의 의지로 사랑하는 사람의 수를 정할 수 있어야 한다는 점을 강조한다.

오카모토 잇페이와 오카모토 가노코*

일본에서는 1898년, 민법에 따라 일부일처제가 확립됐다. 일대일의 성애 윤리가 주류였던 근대 일본에서 합의로 복수의 사랑을 실천했던 한 부부의 사례를 소개한다. 바로 오카모토 다로의 부모인 오카모토 잇페이와

* 오카모토 잇페이(岡本一平, 1886~1948): 다이쇼, 쇼와 시대에 활약한 만화가이다.
오카모토 가노코(岡本かの子, 1889~1939): 오카모토 잇페이의 부인이자 근대 여류작가이다.

오카모토 가노코의 사랑이다. 잇페이와 가노코는 1910년 결혼해 그 이듬해 장남 다로를 낳는다. 그때부터 잇페이는 방탕한 생활에 빠져들고 가노코는 그의 방랑 때문에 정신불안 증세를 보인다. 그러던 중 가노코는 시게오라는 학생과 사랑에 빠지고 성관계를 갖는다. 이때 시게오는 그녀의 여동생과도 관계를 맺고 있었다. 이 사실을 알게 된 가노코는 정신불안 증세가 심해져 입원까지 하게 된다. 모든 상황을 알게 된 잇페이. 그는 가노코에게 시게오를 집에 들여 동거하자는 제안을 한다. 그들의 오픈 매리지가 시작된 것이다. 그 후 가노코와 시게오의 관계는 파국을 맞이했지만 오카모토 부부의 오픈 매리지는 계속됐다. 1924년 가노코는 대학병원 의사 가메조와 다시 사랑에 빠지고 가메조는 1928년부터 오카모토 집에서 동거한다. 가노코에게 푹 빠진 가메조는 잇페이에게 "아내분을 저에게 주십시오. 저는 아내분과 정식으로 결혼하고 싶습니다."라고 요청했다. 이에 잇페이는 "가노코를 나에게서 앗아가지 말아줘. (…) 그녀는 내 삶의 버팀목이야. 생명이야. (…) 세상의 도덕과 비난 따위는 문제 되지 않아. 당신들이 무슨 짓을 해도 상관없어. 그저 가노코를 내 삶에서 앗아가는 것만은 절대 안 돼"

라고 대답한다. 이 에피소드에서 알 수 있듯이 잇페이에게 가노코는 그 무엇과도 대체할 수 없는 존재다. 가노코 또한 시게오와 가메조가 나타났을 때 남편인 잇페이와의 관계를 끊지 않았다. 이런 그들의 사랑에 대해 아들인 오카모토 다로는 다음과 같이 술회한다.

> 어머니를 향한 아버지의 사랑은 확실히 독특했다. 연애와 같은 단순한 감정만은 아니었다. 당시 아버지는 주변에 이렇게 말하곤 했다. "나는 가노코를 단지 아내로서만 사랑하는 게 아니야. 그녀에 대한 내 사랑은 더 깊고 커."

다로는 "나는 그들처럼 그렇게 순수하게 목숨을 걸고 생을 살아가는 사람들을 보지 못했다. 두 사람 모두. 나는 그렇게 진실한 사람들과 함께 살았다는 걸 자랑스럽게 생각한다"라고 양친의 삶을 회고한다.

폴리아모리의 다양한 모습

소설 『반짝반짝 빛나는』의 쇼코와 무츠키, 실존 인물 오카모토 잇페이와 가노코는 모두 오픈 매리지에 해당되는 사례다. 폴리아모리에는 오픈 매리지 이외에도 다양한 모습이 있다. 이를 살펴보기에 앞서 폴리아모리의 독자적인 파트너 구분부터 살펴보자.

현지 인터뷰를 하다 보면 "그 사람은 저의 프라이머리이고, 이 사람은 세컨더리예요"라고 소개를 받을 때가 있다. 프라이머리(제1파트너), 세컨더리(제2파트너)라는 말은 폴리아모리스트가 만들어낸 용어이다. 폴리아모리의 성전이라고도 불리는 매뉴얼 북, 아나폴Deborah Anapol의 *Polyamory: The New Love without Limits*를 참조해보자.

제1파트너는 법적 승인 여부와 상관없이 장기적으로 깊게 관계를 맺어온 파트너다. 대부분 동거하면서 재산과 육아를 공유하고, 서로를 가족으로 인식한다.

제2파트너는 깊은 관계를 지속하지만 주거, 재산 등은 별도로 관리한다.

제3파트너는 데이트는 하지만 일상생활을 함께하지 않는 관계다.

파트너 구분의 기준은 친밀도이다. 제1파트너가 두 명이거나, 제2파트너만 여럿일 수도 있다. 파트너 구분 방식을 두고 폴리아모리스트 사이에도 찬반이 있지만 '제

1파트너'와 '제2파트너' 같은 폴리아모리 용어는 이미 널리 사용되고 있다. 친밀도에 따른 파트너 구분은 제1파트너 간의 관계를 보호하는 역할을 한다. 기본적으로 제1파트너는 모든 관계에서 우선권을 가진다. 만약 자신이 누군가의 제2파트너라면, 스스로가 제2파트너라는 인식을 갖고 행동하도록 요구 받는다. 파트너 구분에 동의하는 폴리아모리스트는 파트너의 우선순위를 혼동하지 않아야 한다. 제1파트너와 제2파트너 간의 여러 조합으로 다양한 폴리아모리 관계가 만들어진다. 그 모습은 매뉴얼 북에 따라 작은 차이들이 존재하지만, 여기서는 *Polyamory: The New Love without Limits*와 *More Than Two: A Practical Guide to Ethical Polyamory* 분류를 참조하여 실제 폴리아모리스트가 형성한 대표적인 관계들을 소개한다.

A. 오픈 매리지

부부 사이 외에 성적 관계를 맺는 것에 대해 양자가 합의한 결혼 관계. '정절'은 '일대일'이라는 공식을 전제하지 않는다. 오픈 매리지는 모노가미가 아닌 사람들의 결혼 관계를 포괄하는 단어다. 여기에는 폴리아모리뿐

폴리아모리 관계의 예

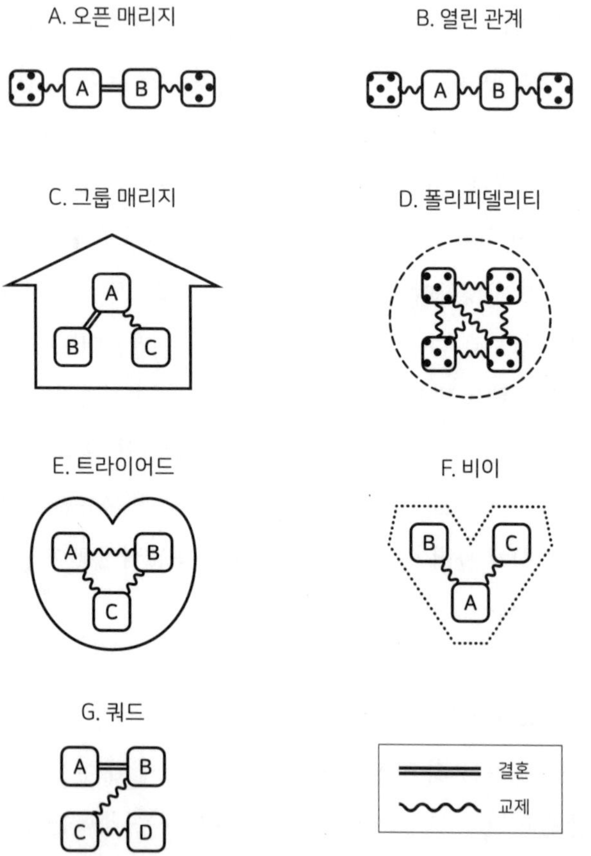

※ 위 예시는 해당 폴리아모리 관계의 대표적인 모습을 그림으로 나타낸 것이다. 실제로는 매우 다양한 모습의 관계가 존재한다.

만 아니라 스와핑 실천자의 결혼도 포함된다.

B. 열린 관계(공개 커플)

성애 파트너를 한정하지 않기로 합의한 관계.

C. 그룹 매리지

3인 이상의 사람들이 결혼한 것과 같은 모습으로 사는 것.

D. 폴리피델리티

성적 관계를 그룹 안에서 한정하기로 약속한 관계. 3인 이상의 제1파트너 간에 이루어지는 성애 스타일이다. 새로운 성원을 들일 때는 그룹 전원의 합의를 얻어야 한다.

E. 트라이어드

3인으로 이루어지는 성애 스타일. 전원이 제1파트너 혹은 제2파트너이거나, 두 명의 제1파트너와 한 명의 제2파트너로 이루어진 관계. 대부분 동성의 바이섹슈얼Bisexual, 양성애자 두 명과 반대 성의 이성애자 한 명으로 이루어진다.

F. 비이

3인으로 이루어지는 성애 스타일이나, 한 명에게 두 명의 파트너가 있고 그 둘 사이에는 성애가 형성되지 않는 관계. 형태가 V인 점에 착안하여 '비이'라고 부르며 두 사람 사이에 있는 인물을 '피봇pivot'이라고 한다. 이를 트라이어드의 한 모습으로 규정하는 매뉴얼 북도 있다.

G. 쿼드

4인으로 이루어지는 성애 스타일. 전원이 파트너 관계일 수도 있고 아닐 수도 있다. 예를 들어 두 쌍의 부부 혹은 커플이거나 혹은 한 명에게 세 명의 파트너가 있는 관계이다.

폴리아모리는 이 모든 관계를 포함하는 사랑의 총칭이다.

2

폴리아모리 운동

책임 있는 논-모노가미non-monogamy

폴리아모리 운동은 1990년대 초에 본격적으로 시작됐다. 이때부터 일대일 관계에 얽매이지 않으면서도 책임 있는 논-모노가미를 추구하는 사람들의 모임이 자주 열리게 된다. 수잔(여성, 60대)은 그 모임의 참가자다. 그녀의 이야기를 통해 그들이 처했던 상황과 모임의 양상을 살펴보자. 1990년대 초, 40대였던 수잔은 두 명의 남편과 함께 로스앤젤레스에서 살고 있었다. 그들은 자신들의 논-모노가미 관계를 철저하게 숨기기 위해 주변 사람들과 일정한 거리를 뒀다. 비난과 모함으로부터 삶을 지키기 위한 불가피한 선택이었다. 수잔과 남편들은 사람들과 어울리기 좋아했지만 1980년대 후반부터 1990년대 초까지 집에 초대하는 손님은 손에 꼽을 정도였다. 수잔처럼 일대일 관계에 얽매이지 않는 사랑을 추구하던 동료들 대부분은 "역시 일대일이 좋아 보여", "그땐 어렸으니깐", "너희는 기적적이야"라는 말을 남기고 모노가미의 세계로 돌아갔다. 타임지가 성 혁명의 종결을 선언한 1984년 무렵 폴리아모리를 실천하는 친구는 딱 두 그룹만이 남았다. 수잔 스스로가 선택한 길이었지만, 많은 이들이 떠나가고 자신들만 남겨지자 그녀는 외롭고 암담했다. 그 무렵, 즉 1990년대 즈음 그녀는 논-모노가미주의자 모임에 대해 알게 됐다. "우리처럼 사는 사람들이 이렇게 많다니, 하며 놀랐어. 모두 숨어 있었구나. (…) 그곳은 성 혁명 때 참가했었던 모임과는 또 다른 분위기였어. 다들 자신들에게 더 좋은 삶의 방식을 고민하고 있었고. 꽤 멀리서 찾아온 사람들도 있었는데, 다들 동료를 찾아 연결망을 만들고 싶어 했지." 1994년 그들의 염원은 하나의 공동체로 발전했다. 논-모노가미주의자들의 비영리단체 '러빙 모어loving more'가 설립된 것이다. 그들을 잇는 연결망이 구축됐다. 그리고 1995년 러빙 모어 회의에서 자신들의 사랑을 '폴리아모리'라 명명하기로 결정했다. 이때부터 폴리아모리라는 이름으로 본격적인 운동이 시작된 것이다.

폴리아모리 운동의 배경

많은 사람들은 미국의 성性이 자유분방하고 관용적이라고 생각한다. 하지만 미국은 기독교 국가다. 기독교에서 성은 부부관계 안에서만 허락되며 결혼을 통한 일대일 관계에서 서로에게 충실해야 한다. 따라서 기독교적 성 윤리에 비춰보면 폴리아모리는 옳지 못한 사랑의 모습으로서 기피 대상이었어야 마땅하다. 그러므로 폴리아모리가 미국에서 발생한 배경을 이해하기 위해서는 먼저 미국의 성 역사를 살펴볼 필요가 있다. 미국 문화 연구자 가메이 슌스케의 저작을 참조해서, 17세기 식민지 시기부터 성 혁명이 종언을 맞이하는 1980년대까지로 시기를 한정해 그 역사를 개괄하면 다음과 같다.

미국을 만든 세력 중 하나는 17세기 유럽에서 이주해 식민지를 건설한 청교도다. 당시 유럽을 타락한 세계라고 여긴 청교도인들은 이상理想 공동체를 건설하기 위해 신대륙으로 향했다. 이상 사회를 만들려면 사회의 핵인 가족부터 '이상적으로' 만들어야 했다. 그래서 청교도 사회는 혼외 교제를 엄격하게 다루고 간통은 사형에 처했다. 쾌락을 금하고 엄격한 성도덕을 내세우는 그들에게 성 윤리를 준수하는 것은 도덕적 이상에 얼마나 근접해 있는지를 판단하는 중요한 지표였다. 19세기가 되면 성에 관한 사회적 윤리 규범이 한층 더 엄격해진다. 성 충동을 억압해야 한다는 의식이 사회에 뿌리를 내렸다. 이른바 '빅토리아니즘victorianism'의 도래다. 이 시대에는 사람들 앞에서 성적인 관심을 표현하거나 성에 대해 이야기하는 것조차 금기시됐다. 심지어 부부 사이에도 성과 관련된 화제는 삼가야만 했다. 또 빅토리아니즘은 성관계를 결혼 관계에 한해서만 인정했고 동성애를 금지했으며 관련 법적 규제를 강화했다. 임신중절 금지법, 매춘 금지법, 외설 문서 단속법 등 성과 관련된 법률이 차례차례 제정돼 성을 억압했다.

이런 조류에 정면으로 도전한 사람들이 있었다. 19세기 중반부터 후반까지 활동한 자유 연애주의자들이 대표적이다. '자유 성애 운동free love movement'의 지지자 중 한 명인 빅토리아 우드헐은 「사회적 자유」라는 연설에서 다음과 같이 역설했다. "나는 내가 사랑하고 싶은 사람을 사랑하고, 할 수 있을 만큼 사랑하고, 원한다면 언제든 그 사랑을 바꿀 수 있는, 그 누구도 빼앗을 수 없는 본질적인 자연의 권리를 갖고 있습니다! 당신도, 당신이 만드는 그 어떤 법률도 이 권리에 관해 간섭할 자격이 없습니다!" 놀랍게도 그녀는 아직 여성 참정권이 없던 1872년에 대통령으로 입후보했다. 다른 한편에서는 이상적인 성관계를 추구하는 일부 사람들이 실험적 공동체를 만들었다. 대표적으로 1848년 뉴욕주에 설립된

'오나이다Oneida 공동체'가 있다. 성의 공산주의를 목표로 한 오나이다 공동체에서는 합의를 전제로 불특정 상대와의 성 교섭이 허용됐고 복혼複婚이 가능했다. 이러한 도전자들은 당연히 세상의 극렬한 비난을 받는다. 자유연애주의자는 기존의 성 규범을 위협하는 존재로 낙인찍혀 사회 탄압을 받았고, 오나이다 공동체 역시 1881년에 해산된다. 이 시기, 일부다처제를 용인하던 '모르몬교'도 규탄의 대상이 돼 1890년에는 일부다처제를 폐지해야만 했다.

20세기에 들어서자 성 문제는 점차 사람들의 시선을 끌기 시작했다. 하지만 그 역시 가정 내부의 문제로 한정된 것이었다. 그러나 1960년대 중반부터 억압됐던 성의 역사에 새로운 조짐이 싹튼다. 성 해방을 주장하는 사람들의 선도로 '성 혁명'이라 불리는 운동이 시작됐고, 성을 긍정적으로 받아들이는 새 흐름이 등장한다. 성 혁명의 배경에는 학생 운동, 페미니즘 및 시민권 운동의 대두와 베트남 전쟁 등 다양한 사회적 요인이 작용했다. 경구 피임약의 발명과 보급은 성 혁명의 원동력이 됐다. 이 시기에 이르러 외설적이라는 이유로 발매가 금지됐던 소설과 포르노그래피가 차례로 대법원에서 무죄 판결을 받는 등 성 표현의 자유가 확대됐다. 문학작품과 영화, 노래 안에서 성이 자유롭게 표현되고 포르노와 섹스 설명서가 넘쳐 흘렀다. 『조이 오브 섹스』라는 설명서가 수백만 부 이상 팔렸다. 이와 같은 현상은 당시 사람들이 성의 억압으로부터 해방되기 시작했다는 사실을 방증한다. 예전의 성 규범 아래에서는 상상조차 할 수 없던 일들도 등장했다. 결혼 관계가 아닌 커플이 같이 사는 '동거', 부부가 합의로 서로 애인을 갖는 '오픈 매리지', 부부 혹은 커플이 파트너를 교환하는 '스와핑' 등의 관계가 생겨났다. 기존의 성 규범에 제약받지 않는 '히피 코뮌'*이 연달아 만들어졌고 논-모노가미 실천자를 지원하는 기관도 설립됐다.

성 혁명은 미국 성 역사에서 큰 반향을 일으켰지만 오래 이어지지는 않았다. 1980년대에 들어서자 성 탐구자들은 서서히 자취를 감췄고 가정의 붕괴를 염려한 사람들은 성도덕의 재건을 바랐다. 게다가 전통적 성도덕을 지키고 싶어 하는 보수파가 성 해방파에 본격적인 반격

* 히피 코뮌hippie commune : 1960~1970년대 대두한 히피 운동에 뿌리를 두고 자본주의 가족형태를 부정한 코뮌. 성 관련 문제에 개방적인 자세를 취했으며 재정 문제를 포함한 남녀 간 평등을 구현하려 했다.

을 가하기 시작한다. 1980년대 초에 발견된 '에이즈'가 이 반격에 날개를 달아줬다. 1960년대부터 1970년대까지 위세를 떨치던 성 혁명의 기세는 쇠퇴하고, 사람들은 보수적 성 윤리를 설파한 레이건 대통령과 함께 억압적인 성 질서로 회귀하기 시작했다.

이상에서 간략히 살펴본 미국의 성 역사를 통해 알 수 있는 것은 성을 대하는 미국의 자세다. 미국에는 '성의 억압'과 '성의 해방'이라는 두 측면이 모두 존재한다. 가메이 슌스케는 언뜻 보면 상반되는 듯한 이 두 가지 측면 속에는 유사한 맥락을 가진 모종의 정신이 흐르고 있다고 지적했다. 그것은 성의 현실과 정면으로 대결하는 정신, 즉 성을 직시하는 전통이다. 엄격한 성 규범을 지지하는 사람과 성의 해방을 바라는 사람 모두 성 문제를 회피하지 않고 직면하려 했다. 이런 전통을 가진 미국에서 폴리아모리 운동이 나타난 것은 당연한 일인지도 모른다. 1960년대부터 1980년대까지를 일별하고 다시 수잔의 에피소드를 돌이켜보면, 당시 논-모노가미들이 처했던 상황이 훨씬 생생하게 느껴진다. 수잔과 그 동료들이 숨죽이고 살았던 1980년대부터 1990년대 초반은 성적 보수파가 득세했지만 동시에 폴리아모리 운동의 맹아가 싹튼 시기였다.

러빙 모어의 탄생

러빙 모어Loving More는 폴리아모리 운동에서 중심적인 역할을 수행한 대표적인 조직이다. 미국에서 폴리아모리스트임을 자인하는 사람 가운데 러빙 모어의 존재를 모르는 사람은 없다고 해도 크게 틀린 말은 아니다. 러빙 모어를 현재의 모습으로 만든 것은 라이엄 니어링과 데보라 아나폴이라는 두 여성이다. 1980년대 초반 오리곤주에서 두 명의 남편과 살고 있던 니어링은 체계적인 논-모노가미 네트워크 조성을 결심하고 자신들과 같은 생활방식을 가진 사람들에 대한 정보를 수집하기 시작했다. 특히 성 혁명 시기에 발족한 케리스타kerista 공동체의 윤리와 생활에 대해 집중적으로 조사했다. 이 공동체는 그룹 구성원 사이에서만 성적 관계를 맺는 그룹 매리지group marriage를 실천했다. 그들은 자신들의 성애 스타일을 폴리피델리티polyfidelity라고 불렀다. 니어링은 1984년 『폴리피델리티』를 출판하고, 같은 해 폴리피델리피 교육 프로덕션Polyfidelitous Educational Productions, 이하 PEP이라는 기관을 설립한다. 비슷한 시기 또 한 명의 여성 데보라 아나폴은 전미全美 논-모노가미주의자들을 조직하기 위해 움직였다. 그녀는 워싱턴 대학에서 임상 심리학 박사를 취득한 후 1984년, 의식 있는 논-모노가미주의자에게 정보를 제공할 목적으로 인터넷 리소스 센터Internet Resource Center, 이하 IRC를 설립했다. IRC는 1980년대까지만 해도 주목할 만한 활동을 하지 못했다. 1993년 아나폴이 『무제한의 사랑』을 출판하고 상황이 변하자 주춤했던 IRC 활동도 재가동됐다. 흥미로운 점은 이때 니어링의 PEP 활동도 활발해졌다는 사실이다. 두 조직의 활동이 동시에 고조될 수 있었던 건 인터넷 보급 덕분이다. 지금까지 숨어 있던 논-모노가미주의자들이 인터넷을 이용해 정보를 입수하고 동시에 모습을 드러내기 시작한 것이다. 1994년에는 펜실베이니아주에서 현재 폴리아모리 운동의 토대가 마련 되는 회의가 열린다. 이 회의에서 아나폴과 니어링의 조직이 통합돼 체계적으로 논-모노가미 운동을 선도하는 대조직이 탄생한다. 이 조직이 바로 현재의 러빙 모어다.

폴리아모리 운동의 확산

지금 미국에 살고 있는 폴리아모리스트는 과연 몇 명이나 될까? 아쉽지만 정확한 규모는 파악하기 어렵다. 2009년 발간된 『뉴스위크』에 따르면, 당시 기준으로 약 50만 명으로 추정된다. 확실한 건 최근 10년간 폴리아모리 그룹과 폴리아모리에 관심을 두는 사람이 급증하고 있다는 사실이다. 콜로라도주를 예로 들어보자. 1999년 콜로라도주의 한 도시에서 열린 폴리아모리 토론회 참가자는 약 30명이었다. 그러나 현재 같은 장소에서 매주 열리는 토론회에는 100명에 가까운 사람들이 참석한다. 1999년 온라인에 존재하던 콜로라도주 폴리아모리 그룹 규모는 100명 이하였다. 현재 이 그룹의 등록자는 500명이 넘으며, 온라인 상에는 10개 이상의 콜로라도주 폴리아모리 그룹이 존재한다. 최근 온라인에는 소셜 네트워크를 이용한 폴리아모리 그룹이 늘고 있다. '미트업meetup'이라는 소셜 네트워크에서도 폴리아모리 그룹이 결성되어 있다. 미트업은 문자 그대로 실제 모임을 목적으로 하는 온라인 상의 그룹으로 가입 절차가 간단하다. 다음 표는 미트업 안에 있는 폴리아모리 그룹의 한 예다. 이 표에 실려 있는 폴리아모리 그룹 설립 연도를 주목해 보자.

미트업 폴리아모리 그룹 예시

그룹 이름	도시, 주	설립 연도	등록자 수 (2015. 3. 12 기준)
애틀랜타 폴리아모리	애틀랜타, 조지아주	2010	1282
시카고 폴리아모리	시카고, 일리노이주	2008	1484
뉴욕/뉴저지 폴리아모리	뉴욕, 뉴욕주	2006	1026
필라델피아 마인드풀 폴리아모리	필라델피아, 펜실베니아주	2007	939
남캘리포니아 폴리아모리	버뱅크, 캘리포니아주	2007	1045
로스앤젤레스 폴리아모리 네트워크	로스앤젤레스, 캘리포이나주	2013	453

지난 10년간 많은 폴리아모리 그룹이 탄생했다는 사실을 바로 알 수 있다. 이 표에 실린 폴리아모리 그룹은 하나의 예에 불과하다. 로스앤젤레스 근교에는 표에 제시된 네트워크 이외에도 여러 개의 그룹이 존재한다.

존재를 드러내다

미국에서도 폴리아모리는 마이너리티에 속한다. 미국의 지인에게 "폴리아모리를 아니?"라고 물어보면 대부분 고개를 갸우뚱거리거나, 눈썹을 찌푸리거나, 웃었다. 이런 상황을 개선할 목적으로 폴리아모리 이념을 널리 알리기 위한 활동이 활발히 이뤄지고 있다. 예를 들어 LGBT(레즈비언, 게이, 바이섹슈얼, 트랜스젠더) 사회운동의 거점인 퀴어 퍼레이드(프라이드 퍼레이드pride parade)에서 폴리아모리 깃발을 들고 행진하는 활동가들이 있다. 또 폴리아모리 인지도 제고를 목표로 하는 기관이나 단체도 증가하는 추세다. 폴리아모리미디어협회는 TV, 신문, 라디오, 인터넷 등의 매스미디어와 인터뷰가 가능한 폴리아모리스트를 이어주는 일을 한다. 폴리아모리 활동가들은 사회 주류에 자신들의 존재를 알리기 위해 노력하고 그 일환으로 폴리아모리스트들이 커밍아웃하도록 설득한다.

2012년 1월 폴리아모리와 오픈 매리지라는 말이 세상의 주목을 받게 된 사건이 터졌다. 보수파 정치가인 뉴트 깅리치 전 하원의원(공화당)의 전 부인이 결혼 생활

기간 뉴트 깅리치가 자신에게 오픈 매리지를 요구했었다고 TV에서 고백한 것이다. 이 스캔들의 여파로 오픈 매리지는 구글 뉴스 실시간 순위에 올랐으며 폴리아모리를 다룬 뉴스가 연일 TV와 인터넷을 떠들썩하게 했다. 예상치 못한 주목을 받자 폴리아모리 실천자 사이에서는 이 상황을 이용해 자신들의 이념을 제대로 알리자는 목소리가 높아졌다. 이후 리얼리티 방송에서 폴리아모리가 거론되는 횟수가 늘었고 특집 방송이 편성되기도 했다. 폴리아모리는 대중매체를 통해 조금씩 사람들에게 알려지고 있다.

폴리아모리스트의 실정

이제 폴리아모리 운동 참여자들을 한번 살펴보자. 관건은 누구를 폴리아모리 운동 참여자로 정의할 수 있느냐는 것이다. 1장에서 말했듯이 폴리아모리 정의는 다양하다. 넓은 의미의 정의에서는 폴리아모리 이념에 공감하는 사람과 자신의 의지로 일대일 관계를 선택한 사람도 폴리아모리에 포함된다. 그러나 자신의 의지로 일대일 관계를 선택한 폴리아모리까지 포함하면 이야기가 복잡해지므로 이 책에서는 논하지 않으려 한다. 이 책에서는 실제 실천 여부와 상관없이 폴리아모리 이념을 믿고, 자신의 성애 스타일로 선택하거나 선택하고 싶어 하는 사람을 폴리아모리 운동 참여자로 정의하기로 한다. 이런 사람들을 '폴리' 혹은 '폴리아모리스트'라고 부른다. 폴리아모리스트라고 해도 항상 복수의 교제 대상이 있는 것은 아니다. 예를 들어 오픈 매리지를 실천하고 싶어 하는 부부 중에서도 교제하고 싶은 상대가 좀체 나타나지 않아서 결과적으로 일대일의 관계를 지속하는 사람도 있다. 또는 자신이 폴리아모리스트라고 자인하지만 교제 상대가 없는 '싱글 폴리아모리'도 존재한다. 실제 그들의 교제, 결혼 생활은 어떨까? 그들에게 나타나는 공통적인 특징이 있을까? 여기에 대해 러빙 모어가 시행한 조사 데이터 두 개를 참조해보자. 러빙 모어는 2000년 약 1000명의 폴리아모리스트를 대상으로 '폴리아모리 조사'를, 2012년에는 4000여 명의 폴리아모리스트를 대상으로 인터넷조사를 진행했다. 아래 기술에서는 주로 2000년의 데이터를 참조했으며 필요에 따라 2012년의 데이터도 이용하였다.

폴리아모리스트의 파트너 상황

폴리아모리스트의 폴리아모리 경험을 확인해보자. "당신은 지금까지 폴리아모리를 실천한 적이 있습니까?"라는 질문의 답변은 "예"가 88%, "아니요"가 12%였다. 이 결과를 통해 스스로가 폴리아모리스트라는 인식을 갖고 폴리아모리 이념에 동의한다고 해도 실제로 폴리아모리를 경험해보지 못한 사람이 있다는 사실을 알 수 있다. "현재 폴리아모리 관계에 있습니까?"라는 질문에 대해서는 "예"가 73%, "아니요"가 27%였다. "아니요"라고 답한 사람들은 일대일 관계를 맺고 있는 폴리아모리스트이거나 싱글 폴리아모리로 추측할 수 있다.

결혼과 폴리아모리

폴리아모리스트 중에서 결혼한 사람은 얼마나 있을까? "현재 누군가와 결혼 관계에 있습니까?"라는 질문에 "누군가와 결혼생활을 하고 있음"이 41%, "결혼생활을 하고 있지 않음"이 53%, "무응답"이 6%였다. 이처럼 결혼에 대한 폴리아모리스트의 실천 양상은 실로 다양하다. 트라이어드 혹은 그룹 매리지를 실천하는 사람 중에는 '셋이 함께 결혼하고 싶다'든지 '두 명 모두 남편으로 인정받고 싶다'라고 바라는 사람도 있다. 네덜란드에서는 2005년 한 명의 남성과 두 명의 여성으로 이루어진 트리오가 처음으로 시빌 유니언*으로 인정받았다. 시빌 유니언은 법적으로 승인받은 파트너십을 말하며 결혼과 동등한 권리를 갖는다. 네덜란드 법률은 중혼을 금지하고 있지만, 시빌 유니언 제도에서는 세 명의 유니언 모두를 인정한다. 미국에서 시빌 유니언으로 폴리아모리가 인정된 사례는 아직 없지만 폴리아모리스트 중에서는 "결혼과 동등한 권리를!"이라는 구호를 외치는 활동가도 있다. 또 2012년 브라질의 상파울루에서는 한 명의 남성과 두 명의 여성에 의해 제출된 혼인신고서가 수리되어 중혼이 공인됐다. 이런 사례는 폴리아모리의 혼인권리 운동에 영향을 미쳤다. 또는 법률적 권리와 지위가 주어지지 않더라도 사랑을 맹세하는 의식인 언약식과 결혼식을 올리는 사례가 있다. 가령 2015년 밸런

* 시빌 유니언civil union : 시빌 유니언 혹은 시빌 파트너십civil partnership은 법적으로 승인된 파트너십 관계를 가리킨다. 결혼과 유사한 법적 권리와 보호를 받는다. 폴리아모리 권리 운동과 더불어 동성 커플에게도 이성 간 결혼에 준하는 법적 지위를 요구하는 사회 운동이 활발해졌다. 1989년 덴마크를 시작으로 많은 선진국에서 관련 법제도 정비가 진행 중이지만 여전히 지역 사회와 일련의 갈등이 존재한다. 이에 대해서는 영화 〈로렐Laurel〉(2015)을 참고하기 바란다.

타인데이에는 태국에서 세 남성이 결혼식을 치러 화제가 됐다. 한편 독신을 관철하는 폴리아모리스트도 있다. 이들은 일부일처제에 반대하기 위해 결혼제도를 이용하지 않겠다는 활동가들이다. 하지만 모든 폴리아모리스트들이 이들처럼 결혼에 대한 의식이 뚜렷한 건 아니다. 한 폴리아모리 그룹의 리더는 사실 폴리아모리스트 대부분이 폴리아모리혼婚이나 복혼 합법화에 관심이 없다고 말했다. 그 이유가 궁금해 주위 폴리아모리스트 친구에게 물어보니 그녀는 세 가지 이유를 댔다. 첫째, 원래 폴리아모리의 정의 자체가 애매하기 때문에 무엇을 폴리아모리혼이라 해야 하는가는 폴리아모리스트 내부에서도 여전히 논란 중이라는 점. 둘째, 폴리아모리혼이나 복혼이 인정된다 해도 누구를 법적으로 보호하고 보호하지 않을 것인지 결정하기 어렵다는 점. 셋째, 폴리아모리 결혼운동을 전개하기 위해서는 막대한 자금이 필요하다는 점이다. 안타깝게도 폴리아모리는 아직 이런 문제들에 대처할 준비가 되어 있지 않다. 그래서 폴리아모리스트는 기존의 결혼제도를 이용하면서 폴리아모리를 실천할 수밖에 없는 실정이다.

폴리아모리스트의 특징

연령과 젠더

〈그림1〉
남성 폴리아모리스트의
연령분포

〈그림2〉
여성 폴리아모리스트의
연령분포

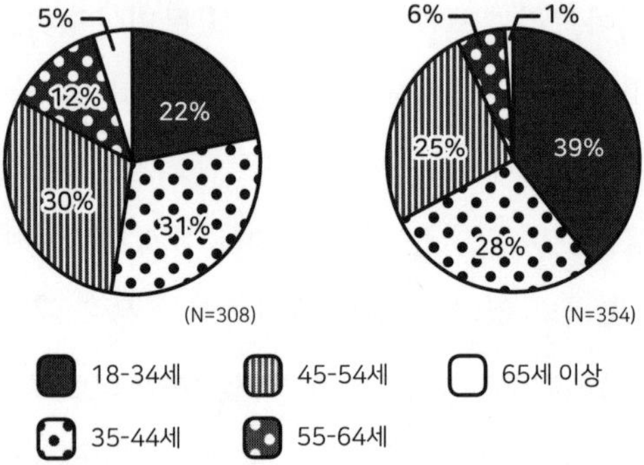

폴리아모리스트의 연령층을 살펴보자. 〈그림1〉과 〈그림2〉는 연령층의 분포를 젠더별로 나타낸 것이다. 소수점 이하는 반올림했기 때문에 합계가 100%가 되지 않을 수도 있다(이하 동일). 2000년도 데이터에 따르면 남성은 35~44세가 31%, 45~54세가 30%, 18~34세가 22%다. 연령층 차이는 두드러지지 않는다. 한편 여성은 18~34세가 39%, 35~44세가 28%, 45~54세가 25%

를 점했다. 2011년 당시 나는 여러 폴리아모리 그룹 모임에 참여했는데 어느 그룹에서도 남성은 50대, 여성은 40대가 가장 많았다. 2012년 인터넷 조사에서는 16세부터 92세까지의 사람들이 응답해 폭넓은 연령층이 폴리아모리 운동에 참가하고 있다는 사실을 알 수 있었다.

인종ethnicity

〈그림3〉
인종별 폴리아모리스트

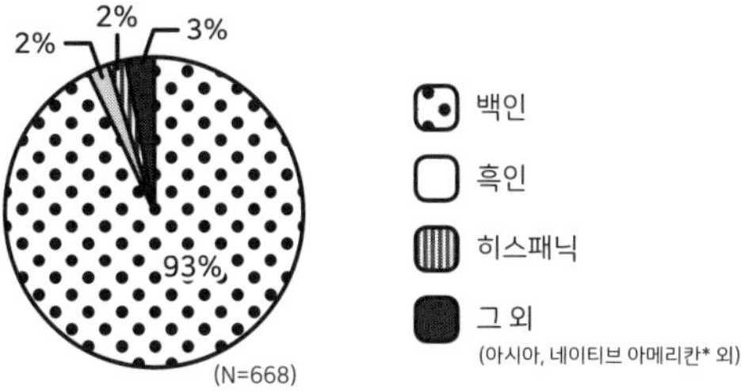

* 네이티브 아메리칸Native Americans은 사용 의도, 범위, 맥락과 지역적 사용에 따라 여러가지 뜻을 가질 수 있다. 여기서는 미국 내 아메리카 원주민을 의미한다.

백인이 90% 이상을 차지한다(그림3). 다른 폴리아모리 관련 통계조사에서도 백인이 90% 이상을 점하는 걸 보면 폴리아모리스트 상당수가 백인이라는 사실을 알 수 있다. 하지만 최근 들어 블랙 폴리아모리, 아시안 폴리아모리 같은 그룹이 등장하며 '폴리아모리 그룹 내 인종 간 협력'이 화두가 되기도 했다. 이러한 상황은 백인 이외의 폴리아모리스트가 점점 증가하고 있다는 사실을 보여준다.

계급

계급에 관한 질문에 자신을 중산계급 이상이라고 답한 사람은 75%였다.

학력

30%가 대학 졸업, 40%가 대학원 졸업이라고 답했다. 2012년 인터넷 조사에서도 최종학력이 대학 이상이라고 답한 사람이 62%에 달한다.

이 조사에서 밝혀진 폴리아모리스트의 특징을 단적으로 요약하면 백인, 중산계급, 고학력이다. 이 세 가지는 종종 폴리아모리의 특징으로 언급된다. 내가 지금까지 만나온 대부분의 폴리아모리스트 역시 백인, 중산계급, 고학력자들이었다. 모임 참가자 대부분이 백인이었으며 파티에서 Ph. D.(박사)가 표기된 명함을 받은 적도 많다. 또 폴리아모리 워크숍 중 참가비가 1회 100달러 이상인 곳도 있었다. 마치 금전적으로 여유가 있는 사람들만을 대상으로 하는 게 아닌가 하는 생각이 들 정도였다. 물론 현지조사 중 백인, 중산계급, 고학력에 해당하지 않는 폴리아모리스트를 만나기도 했다. 폴리아모리가 알려지며 다양한 통로로 폴리아모리에 관심을 보이는 사람들이 늘고 있기 때문일 것이다. 예를 들어 BDSM(8장 성에서 제시된 사례 참조), 탄트라(8장 참조), 전라로 생활하는 것을 즐기는 누디스트* 공동체, 페미니즘 그리고 예술의 세계에서 폴리아모리를 알게 된 사람도 많다.

* 누디스트nudist : 나체주의자. 알몸으로 생활하는 것이 더 자연스럽고 건강에도 더 좋다는 믿음으로 옷을 벗고 사는 사람. 한국에서는 2017년 여름 충북 제천의 '누드펜션' 논란으로 크게 알려졌다.

성적 지향

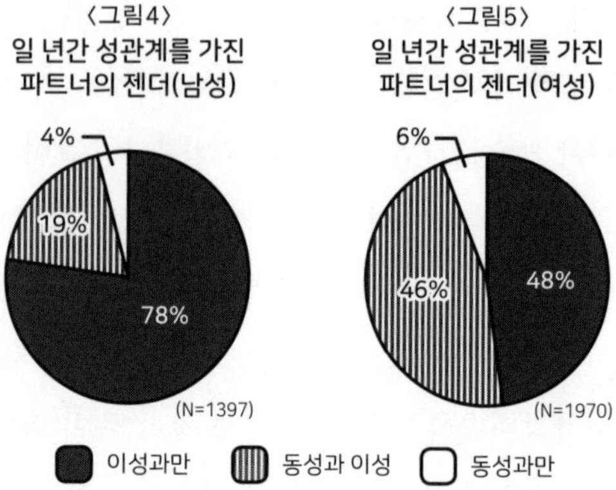

이어서 섹슈얼리티를 보자. 놀랍게도 50% 이상이 자신을 양성애자(bisexual)라고 답했다. 2012년 인터넷 조사에서는 자신의 섹슈얼리티를 묻지 않고 최근 1년간 성관계를 가진 파트너의 젠더를 묻는 선다형選多型 문항을 만들어 동성, 동성과 이성, 이성 중 선택하도록 했다. 〈그림4, 5〉를 보면 남성 폴리아모리스트는 이성과만 성관계를 가진 사람이 78%를 점했다. 반면 여성 폴리아모리스트는 이성과만 성관계를 가진 사람이 48%, 동성·이성 모두와 성관계를 맺은 사람이 46%였다. 18세부터

44세까지를 대상으로 한 미국질병관리예방센터(CDC)의 통계(2005)에 따르면, 여성의 2.8%, 남성의 1.8%가 양성애자였다. 이와 비교하면 폴리아모리스트의 양성애자 비율은 굉장히 높은 편이다. 폴리아모리스트 중 양성애자 비율이 높은 건 양성애자 중 폴리아모리스트가 많다는 방증일까? 여러 섹슈얼리티 연구에서는 양성애자들이 폴리아모리적 관계를 이상적으로 생각하는 경향이 있다고 지적한다. 양성애 연구를 해온 페이지Page는 자신이 연구한 217명의 양성애자 사례 중 33%가 폴리아모리적 관계를 맺고 있고 54%가 폴리아모리적 관계를 이상적으로 여긴다고 보고했다[page, 2004]. 내가 인터뷰한 사람 중에서는 원래 이성애자였으나 폴리아모리 실천과정에서 자신이 양성애자임을 자각한 사람도 있다. 폴리아모리 워크숍 중에는 "당신의 양성애적 성향을 탐구해보자"라는 세미나가 열리기도 한다.

종교

〈그림6〉
폴리아모리스트의 현재 종교

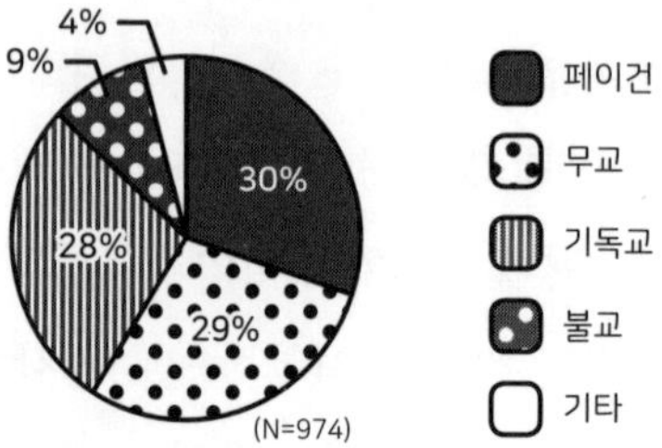

〈그림7〉
폴리아모리스트의 모태신앙

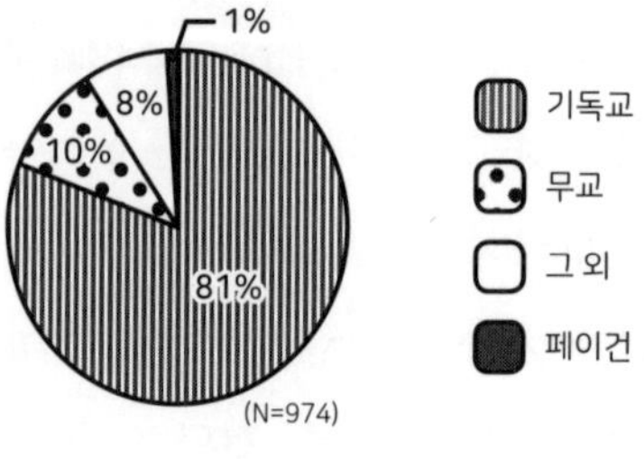

폴리아모리라는 단어를 듣고 일부다처제를 허용했던 모르몬교를 떠올리는 사람이 많다. 미국의 성 역사를 살피며 보았듯이 모르몬교는 1890년 일부다처제를 폐지해야 했다. 모르몬교의 주류교회인 LDS교회는 현재 일부다처제를 인정하지 않으며 일부다처제를 선택하는 교도에게 파문을 당할 것이라고 경고한다. 그러나 초기 교리를 따라야 한다고 생각하는 모르몬 원리주의자 중에서는 LDS교회를 떠나 일부다처제를 고수하는 이들도 있다. 일부다처제 형태는 폴리아모리에도 있지만, 모르몬 원리주의자들을 폴리아모리라고 할 수 있는지에 대해서는 폴리아모리스트 사이에서도 의견이 나뉜다. 일단 폴리아모리스트의 종교 분포를 검토해보자. 〈그림6〉을 보면 페이건pagan(30%), 무교(29%), 기독교(28%) 순으로 분포되어 있다. 약 30%의 페이건을 주목하자. 페이건은 기독교 이전의 다신교적 신앙과 자연숭배를 특징으로 하는 비기독교 신앙들을 뜻한다. 1960년 이후 미국에서는 페이건이 급증해 페이거니즘paganism이 번성했다. 1962년에는 법적으로 인정을 받은 페이건 종교단체 '전세계교회Church of all Worlds'가 설립됐다. 페이건 폴리아모리스트 중에서도 자신을 '위칸Wiccan'이라고 주장하는 사람들이 있다. 위칸이란 페이건 중에서도 여신숭배를 하는 사람들이다. 위칸의 윤리는 "누구도 해치지 않는 한 하고 싶은 대로 하라"이다. 이러한 윤리관을 보면 폴리아모리와 잘 어울리는 성격의 종교로 보인다. 〈그림6〉

과 〈그림7〉을 비교해보면 개종을 경험한 폴리아모리스트의 비율이 높다는 것을 알 수 있다. 특히 페이건으로 개종한 비율이 높다. 그런데 폴리아모리가 되고 페이건으로 개종한 것인지 개종을 한 후 폴리아모리가 된 것인지는 확실하지 않다.

SF소설과 폴리아모리의 관계

사람들이 폴리아모리를 알게 된 계기는 무엇일까? "처음으로 폴리아모리를 알게 된 계기는?"이라는 질문에 대해 문헌(27%), 친구 소개(26%), 인터넷(21%) 등의 답이 나왔다. 그런데 문헌 중 가장 많이 등장하는 책이 폴리아모리 매뉴얼 북이 아니라 SF소설이란 점은 매우 흥미롭다. 사실 폴리아모리와 SF소설은 관계가 깊다. 폴리아모리스트 사회에서 특히 유명한 SF 작가는 로버트 하인라인이다. 그의 소설은 기존 사회규범에 의문을 던지며, 대체 가능한 성애 관계와 가족을 그려낸다는 특징이 있다. 하인라인 자신도 오픈 매리지를 실천했다고 한다. 하인라인의 『낯선 땅 이방인』은 종교와 폴리아모리적 관계를 다룬 작품이다. 화성인에게 길러진 지구인 남성이 지구에 돌아오면서 이야기는 전개된다. 그는 친구와 연인을 통해 자신과 다른 지구인의 사상을 이해하고 화성인의 사상이 반영된 독자적인 종교를 창설한다. 이 소설은 히피의 성전으로 불리며 당시 사회에 많은 영향을 끼쳤다. 심지어 『낯선 땅 이방인』의 열광적인 신자들은 종교단체까지 만들어버렸다. 그 종교단체가 바로 앞서 언급한 '전세계교회'다. 처음 폴리아모리라는 말을 사용한 인물에 대해서는 여러 설이 있는데, 이 중 가장 유력한 설 중 하나가 전세계교회의 창시자인 모닝 부부다. 또 하인라인 이외에 폴리아모리에 많은 영향을 준 대표적인 SF 작가로 『하라드 실험』의 저자 로버트 리머가 있다. 그는 폴리아모리스트이며 러빙 모어 회의에서 프레젠테이션을 하는 등 폴리아모리 운동에 직접적으로 참여한다. 이처럼 폴리아모리와 SF소설은 떼려야 뗄 수 없는 사이이다. 그러나 최근에는 SF소설 혹은 대항문화와는 전혀 상관없이 폴리아모리 자체에 관심을 갖는 사람들이 증가하고 있다. 이런 사람들은 어떤 과정을 통해 폴리아모리스트가 되는 걸까? 다음 장에서 사람들이 폴리아모리를 선택하게 된 배경에 대해 알아보자.

3

내가 폴리아모리스트가 된 이유

내가 여행하는 길은 오직 한 가지 길뿐,
즉, 마음이 담겨 있는 길이다.
어떤 길이든 마음이 담겨 있는 길로
나는 여행을 한다.
여행으로 그 길을 끝까지 다 걸어보는 것
그것만이 이 생에서 유일하게 가치 있는 도전이다.
바로 그런 길을 나는 걷는다.
숨을 죽인 채 지켜보고, 또 지켜보면서

-카를로스 카스타네다*

'여러 사람을 동시에 '진지'하게 사랑하는 사람들.' 어떤 인물상人物像이 떠오르는가? 넘치는 매력 덕분에 많은 이들에게 구애를 받으며 "누구를 선택해야 할지 모르겠어" 같은 사치스러운 고민을 안고 있는 사람, 혹은 "많은 사람과 사랑하고 싶어"라고 중얼거리는 연애지상주의자 등이 떠오를 것이다. 물론 폴리아모리스트 중에는 이런 사람들도 있다. 하지만 꼭 이런 사람들만 있는 것도 아니다. 도대체 어떤 사람들이 폴리아모리를 선택할까? 전처의 과도한 속박이나 전남편이 자행한 가정폭력의 경험 때문에 폴리아모리에 관심을 갖게 된 사람도 많다. 여기서는 사람들이 폴리아모리스트가 된 이유와 배경을 구체적인 사례를 통해 살펴보겠다.

* 카를로스 카스타네다(Carlos Castaneda, 1925~1998): 인류학자이자 작가. 페루의 카자마르카Cajamarca에서 태어났다. 멕시코 야키Yaqui 인디언 주술사의 비밀에 관한 시리즈물을 출간해 미국 '뉴에이지New Age운동'의 기수가 됐다. 문화인류학에 기반해 집필했지만 비평가들은 그의 작품을 소설에 가깝다고 평했다. 그의 책은 17개국 언어로 번역되어 전 세계적인 베스트셀러가 됐다.

사랑은 무한대

글렌(남성, 50대)은 신사라는 단어와 잘 어울리는 남성이다. 깔끔한 옷차림에 정돈된 머리. 식습관에 신경을 써서인지 피부도 윤기가 나고 실제 나이보다 열 살 정도는 어려 보인다. 그의 꼼꼼한 성격은 주고받는 메일이나 단정한 그의 자동차와 방에서 고스란히 드러난다. 글렌은 소방서에서 근무하며 소방대원의 건강 관리를 담당한다. 그에게 가장 소중한 건 이제 막 열 살이 된 사랑스런 아들 다니엘이다. 직장 책상과 자택 거실 모두 다니엘의 사진으로 도배됐다. 다니엘 외에는 근처에서 혼자 살고 계신 아버지와 여덟 살 아래의 애인 에마, 고교 동창 케이트. 이 세 명도 그의 삶에서 빠트릴 수 없다. 또 SF소설도 중요하다. 그는 SF소설 애호가일 뿐 아니라 자신이 직접 SF를 집필하고 출판한다.

고등학교 시절 글렌은 로버트 하인라인의 SF소설에 매료됐고 케이트와 함께 SF소설 동호회를 만들었다. 이 동호회는 단순히 SF소설을 즐기는 모임이 아니라 하인라인이 그려낸 폴리아모리적 관계를 우러러보는 젊은이들의 모임이었다. 그가 폴리아모리에 입문을 한 게 이즈음이다. 두 명의 여성과 합의로 교제를 시작했다. 그리고 글렌은 케이트와 "물형제/물자매" 계약을 맺는다. 이 단어들은 하인라인의 소설 속에서 중요한 의미를 지닌다. 같은 컵으로 물을 나눠 마시는 건 이념을 공유하는 사이를 뜻한다.* 글렌은 이 관계를 "서로 도우며 함께 살아갈 것을 맹세한 관계"라고 설명했다. 글렌의 초혼 상대는 폴리아모리 모임에서 알게 된 여성이었다. 그녀와는 오픈 매리지와 트라이어드를 경험한 후 6년 만에 이혼했다. 그로부터 몇 년 후, SF소설 대회에서 만난 에이미와 사랑에 빠져 재혼한다. 에이미는 글렌과 만나기 전까지 폴리아모리에 대해 몰랐지만 두 사람은 오픈 매리지에 도전했다. 그러나 아들 다니엘이 생기고 에이미는 모노가미로 돌아가길 간절히 바랐다. 글렌의 동의로 두 사람은 약 7년간 모노가미 생활을 유지하지만 결국 의견 차이로 이혼했다. 현재 글렌은 케이트가 창시한 폴리아모리 그룹의 보좌역을 맡으면서 에마와 교제 중이다.

* 의례의 차원에서 같은 잔으로 음료를 나눠 마시는 행위는 상징적이다. 예수가 체포 직전 제자들과 나누었던 최후의 만찬을 기념하며, 그리스도교 교도들이 성찬식에서 빵과 포도주를 먹는 것이 대표적인 예다. 의식에 참여하는 교도들은 같은 잔으로 포도주를 마시는데 이는 성스러운 공동체의 성원으로 인정되는 과정을 뜻한다.

글렌이 폴리아모리를 선택한 이유는 "사랑이 삶을 충실하게 해준다고 믿기 때문"이며, "그 가능성을 한 명에게만 한정할 필요는 없다고 생각하기 때문"이다.

사랑의 경험을 소중히 하고 싶다

모건(남성, 30대)은 베니스 비치 지역에서 나고 자란 LA 출신이다. 그러나 거친 분위기를 좋아하지 않고 언제나 세련된 뉴요커 분위기를 풍긴다. 그는 취미로 기모노를 수집하며 디자이너 일도 하고 있다. 모건은 압도적인 카리스마를 지니고 있다. 그가 모임에 나타나기만 하면 공간의 분위기가 순식간에 변한다. 말을 잘하기도 하지만 남의 말도 잘 들어준다. 모건은 고등학교 시절부터 폴리아모리를 실천하고 있다. 고등학생 때, 당시 여자친구의 집에 자주 놀러 갔는데 그녀의 아버지는 그를 꽤 맘에 들어 했다. 모건을 마주칠 때면 종종 "니콜은 어때?" 같은 농담을 던졌을 정도였다. 니콜은 여자친구의 세 살 위 언니였다. 어느새 모건은 점점 성숙한 매력을 지닌 니콜을 자신도 모르게 의식했고 마침내 좋아하게 됐다. 결국, 모두에게 동의를 얻고 둘과 동시에 사귀기로 한다. 하지만 얼마 지나지 않아 모건은 교도소에 들어가게 된다. 그 사이 여동생과는 헤어졌지만 니콜은 곁에서 끝까지 모건을 지지해줬다. 출소 후, 둘은 함께 살면서 또다시 폴리아모리를 실천하게 된다. "나에게 니콜은 그 무엇과도 바꿀 수 없는 존재야. 그건 옛날도 지금도 변하지 않는 사실이지. 그렇지만 오직 한 사람과만 그런 멋진 관계를 맺어야만 하는 건 아니잖아? 사랑하면서 얼마나 많은 걸 배울 수 있다고 생각해? 나는 그런 귀중한 경험들을 소중히 하고 싶어." 이것이 모건이 폴리아모리를 선택한 이유다. 모건은 니콜이 바이섹슈얼이란 것을 특별히 언급하지 않았지만, 이 사실은 그가 폴리아모리를 실천하는 이유 중 하나다. 그의 이상은 바로 두 사람이 같이 사랑할 수 있는 상대와 셋이서 폴리아모리적 관계를 갖는 것. 하지만 글렌은 "난 지적인 여자가 좋은데 니콜은 외모가 예쁜 여자를 좋아해. 두 사람의 취향을 충족시킬 수 있는 여자를 만나기가 그렇게 쉽지는 않아"라고 웃으며 말했다.

자신의 감정에도, 사랑하는 사람에게도 솔직하고 싶어

파란 눈의 니나(여성, 30대)는 풍만한 체형의 여성이다. 목소리가 크고 미국식 농담을 자주 던진다. 말하기를 좋아하는 그녀는 내가 던진 질문 하나에 족히 10분은 넘게 이야기를 끌어가곤 했다. 대화 사이사이에 과장된 반응과 제스처를 넣는 게 그녀의 특징이다. 니나는 고등학교에서 미술을 가르치는 교사이다. 직장에서는 자신이 폴리아모리스트인 것을 숨기고 있다. 니나는 스스로를 "사랑이 많은 사람"이라고 말한다. "나는 쉽게 사랑에 빠지는 편이야. 어릴 때부터 그랬어. 흥미를 느낀 상대에 대해서는 알고 싶어져. 연락하고 싶고 다가가고 싶어." 그녀는 스물세 살에 결혼했지만 그 후에도 맘에 드는 사람들이 나타났다. 처음에는 그런 사람이 나타나도 어떻게든 자신의 감정을 억눌렀다. 그러나 결국 엄청나게 끌리는 한 남성을 만나 성관계까지 맺게 됐다. 당시 남편에게는 이 사실을 숨겼다. 사랑하는 남편에 대한 자기 나름의 배려라고 생각했기 때문이다. 하지만 동시에 이렇게 살아도 괜찮은 걸까 자문하기도 했다. 그녀는 남편 이외의 사람과 맺은 성관계 때문에 죄의식에 시달렸다. 그녀에게 무엇보다 큰 문제는 누군가를 좋아하게 된 그대로의 자신을 남편에게 숨기면서 자신의 욕망을 억누른 채 살아가고 있다는 점이었다. 그녀는 남편에게도 자기 자신에게도 "불성실"하다고 느꼈다. 결국 그녀는 자신의 욕망, 부정, 고민을 남편에게 밝히지 않고 이혼한다. 이혼 후 상담을 받으면서 그간의 사정을 털어놓자 상담사는 "전에 당신과 같은 고민을 가진 한 남성이 왔었어요. 그는 이제 폴리아모리를 실천하고 있다고 하네요. 그것이 당신에게 맞을지는 모르겠지만"이라고 넌지시 말해줬다. 이때 니나는 처음으로 "폴리아모리"라는 말을 접했다. 니나는 인터넷에서 폴리아모리에 대해 찾아봤다. 알면 알수록 자신과 어울릴 것 같다는 느낌을 받았다. 스스로 사랑이 많은 여자라고 생각했던 그녀지만 이혼 후 좀처럼 멋진 남자를 만나지 못하고 있었던 때였다. 그럼에도 폴리아모리를 시도해보고 싶은 생각은 간절했다. 그 이유는 분명했다. "사랑하는 사람이 있을 때 혹시 다른 멋진 사람이 나타난다면? 나는 사랑하는 사람에게 거짓말을 하고 싶지 않고 비밀을 만들고 싶지도 않아, 자신의 감정에 솔직해지고 싶어."

모노가미는 복잡, 폴리아모리는 단순

신체단련을 즐기는 크리스(남성, 50대). 키는 그리 크지 않지만 가슴팍이 두껍다. 짧게 깎은 머리에 수염을 조금 기르고 있으며 자세가 좋다. 매일 아침 5시에 기상해서 출근 전에 헬스장에 가는 습관을 30년 가까이 유지해오고 있다. 그의 본업은 보디가드다. 평일 중 이틀은 부업으로 개인 트레이너 일을 한다. 크리스는 완고한 편이지만 주위를 배려할 줄 아는 친절한 남성이다. 누군가에게 내 차가 고장 났다는 걸 전해 듣고는 "필요할 때 언제든 말해"라고 메일을 보내오기도 했다. 이렇게 배려심이 깊은 크리스에게는 친구가 많다. 그는 두 번 이혼했다. 두 번째 이혼의 원인은 그가 10년째 정기적으로 참가하고 있는 누디스트 모임 때문이다. 전처는 크리스가 누디스트라는 것을 알고 결혼했지만 그 모임 자체에 대해서는 불편해했다. 크리스가 몇 번이고 "이상한 의도로 참가하는 게 아니"라고 설명했지만 전처는 그 말을 절대 믿지 않았다. 동행을 제안해도 "그런 곳에는 가고 싶지 않아"라고 시종일관 거절했다. "신뢰가 없으면 함께하는 의미가 없어. 거짓말하는 것도 싫어하는 성격이고. 그런 귀찮은 일은 사양이야!" 한 누디스트 모임에서 크리스는 누디스트이면서 폴리아모리를 실천하고 있는 부부와 만난다. "그들은 서로 애인이 있었지만 어떤 강한 신뢰 관계를 토대로 사는 듯이 보였어"라고 덧붙였다. 누구의 말인지 모르겠으나 크리스는 자신이 좋아하는 말을 가르쳐주었다. "인생은 한 번뿐. 그렇지만 정직하고 진실하게 살았다면 인생은 한 번으로 충분하다." 그는 이혼 후 남은 인생을 자신답고 정직하게 살고 싶다고 생각하며 50대 중반에 폴리아모리에 도전하기로 결심했다.

사랑하면 안 되는 사람이 있다는 게 이상해

피부가 뽀얗고 화사한 마리아(여성, 30대)는 초등학교 때 가족과 함께 폴란드에서 캐나다의 한 시골 마을로 이주했다. 마리아는 고등학교 때 여성에게 마음이 끌려 자신이 양성애자인 것을 알게 됐다. 그러나 주위 시선이 두려워서 좋아하는 여성에게 자신의 감정을 밝히지 못하고, 바이섹슈얼 정체성을 커밍아웃하지도 못했다. 대학에 입학한 후 마리아는 유부남을 좋아하게 됐다. 마리아의 친구는 "유부남과 교제하는 것은 윤리적으로 옳지 않아"라며 마리아를 비난했다. 이때 마리아는 사랑하면 안 되는 사람이 있다는 사실이 이상하게 느껴졌다. 대학 졸업 후 미국으로 온 마리아는 저소득자를 위한 상담사로 일했다. 이때 인터넷을 통해 폴리아모리를 알게 된다. 그녀는 복수의 사랑에 관심을 두진 않았지만, "제도에 구애받지 않고 의지에 따라 성애 스타일을 선택한다"라는 폴리아모리 이념에 감명을 받았다. 폴리아모리와의 만남은 "고등학교 시절부터 느꼈던 위화감을 해소하는 것"이었고, 그 후 폴리아모리 모임에 적극적으로 참여하게 되면서 폴리아모리스트로서 살아가기로 결심했다.

소유 당하기 싫어!

단정한 이목구비의 헬레나(여성, 30대)는 어디에 있어도 사람들의 시선을 끄는 아름다운 여성이다. 금발에 키가 크고 적당히 그을린 피부, 얼핏 보면 활기찬 인상이지만 어딘가 어두운 그늘이 드리워진 것 같기도 하다. 처음 헬레나를 만났을 때 폴리아모리스트가 된 이유를 물었다. 그녀는 단 한마디로 답했다. "힘들었으니까." 이

땐 무뚝뚝한 사람이구나 생각했지만 조금씩 친해지면서 그녀가 낯을 가린다는 걸 알게 됐다. 그녀가 전남편의 과도한 구속과 가정 폭력에 시달렸다는 사실도 듣게 되었다. 헬레나는 대학에서 만난 남자친구와 졸업 후에 결혼했으나 3년 만에 이혼했다. 전남편은 원래 질투가 심했고 결혼 후에 더 심해졌다. 그는 헬레나가 슈퍼에서 자기가 모르는 남성과 잡담하는 것조차 견디지 못했다. 집에 돌아가자마자 언어폭력을 가했고 체육관에 가는 것도 금지했다. 어느 날 밤 친구와 식사하러 외출했던 헬레나가 귀가했을 때, 그녀를 기다리고 있던 전남편은 "거짓말해도 나는 다 알아. 다른 남자랑 있었지 ○○년! 네가 유혹한 거지 그 얼굴로!"라고 소리 지르며 그녀를 부엌까지 끌고 갔다. 머리카락이 붙들린 헬레나는 가스레인지 위에 밀어붙여진 채 욕설과 함께 위협을 당했다. 이 사건 후 헬레나는 친정으로 도망쳤고 이혼을 요구했다. 이혼 후 그녀는 인터넷에서 가정폭력에 대해 찾아보던 중 자신과 비슷한 경험을 겪고 현재는 폴리아모리스트로 살아가고 있는 사람을 발견했다. '속박하지 않는 사랑', '소유하지 않는 사랑'이라는 폴리아모리의 이념에 매력을 느낀 헬레나는 폴리아모리에 관한 정보를 수

집하게 된다. 그리고 '서로를 소유하지 않고 같이 사랑을 키우는' 폴리아모리적 사랑을 자신의 이상적인 성애 스타일로 여기게 됐다.

자신을 시험해보고 싶다

백발의 신사 마이크(남성, 50대)는 영상감독이다. 일 때문에 일본을 몇 번 방문했는데 히로시마 이츠쿠시마 신사가 가장 인상 깊었다고 말한다. 말수가 적은 성격이지만 뜨거운 정열을 품고 있을 것 같은 남성이다. 그는 무언가를 설명할 때 말을 생략하거나 서두르지 않는다. 독특한 리듬으로 정성껏 천천히 얘기한다. 나는 마이크가 해주는 추억 이야기가 좋아서 자주 얘기해 달라고 조르곤 했었다. 특히 마이크의 첫 결혼 상대였던 지나와의 추억 이야기가 가장 흥미로웠다. 인도로 신혼 배낭여행을 갔던 일, 두 사람이 헤어지게 된 계기였던 스와핑 파티(8장 성 참조) 이야기 등이 특히 기억에 남는다. 나는 호기심이 왕성하고 조금은 제멋대로인 듯한 지나에게 관심이 갔다. 마이크는 지나와 이혼한 후 다른 여성과 재혼했지만 몇 년 만에 다시 이혼했다. 그 후에도 모노가미로서 평

온한 나날을 보냈지만 뭔가 모를 허전함을 느꼈고, 그 무렵 친구의 초대로 폴리아모리 파티에 참석하게 된다. "그 파티에서 유연한 사고방식을 가진 모험심 있는 사람들과 만났어. 사랑에 대해 진지하게 생각하고 말하는 사람들. 그들과의 만남은 나 자신이 지난 수년간 잊고 있던 무언가를 떠올리게 했어"라고 마이크는 말했다. 이 모임을 계기로 폴리아모리라는 새로운 발상 자체에 관심을 가지게 됐고 자신을 시험해보고 싶다는 생각에 폴리아모리스트가 될 것을 결심한다. 마이크에게 폴리아모리는 '자신의 신체를 이용한 대실험'이다.

어쩌다 좋아하게 된 사람

동남아시아 출신의 엔젤(여성, 20대)은 유학차 미국으로 건너왔다. 풍부한 표정, 천진난만한 모습이 특히나 매력적이다. 그녀는 대학에서 심포지엄 강사로 초빙된 톰과 우연히 만났다. 두 사람은 자연스럽게 가까워졌고 톰은 엔젤에게 데이트 신청을 했다. 첫 데이트에서 그는 자신이 폴리아모리스트인 것과 양성애자인 것을 밝혔다. 그리고 "나는 너와 사귀고 싶어, 잘 생각해보고 대답해줘"

라고 고백했다. 폴리아모리라는 말조차 몰랐던 엔젤은 처음엔 많이 놀랐으나 세 번째 데이트에서 정식으로 화답하고 교제를 시작했다. 그 후 엔젤 자신도 모노가미에서 폴리아모리로 전향했다.

다음은 부부 혹은 커플이 함께 폴리아모리에 도전한 경우다. 일대일의 관계를 유지해온 커플과 부부는 왜 폴리아모리스트가 된 것일까.

두 사람을 동시에 사랑하다

제시카(여성, 30대)와 제이슨(남성, 30대)은 대학 때부터 교제를 시작해서 25세에 결혼했다. 결혼 1년 후 제시카는 일 때문에 알게 된 마이켈을 좋아하게 됐고 여러 차례 만났다. 그녀는 이혼당할 것을 각오하고서, 다른 사람을 좋아하게 됐으며 현재 만나고 있다는 사실을 제이슨에게 고백했다. 그리고 두 사람 모두를 사랑하고 있으며 누구와도 헤어지고 싶지 않다는 마음을 솔직하게 전했다. 제이슨은 조금 생각할 시간을 달라고 했고 둘은 잠시 별거한다. 한 달 후에 두 사람은 다시 만났고, 제시카는 그때 나눈 대화를 회상하며 "지금까지 겪어보지 못한 강렬한 경험이었어"라고 말했다. "제이슨은 내가 다른 사람을 좋아하게 된 게 솔직히 충격이었다고 했어. 그래서 화는 나지만 나와 헤어지는 건 상상도 할 수 없다고, 사실은 그도 결혼하고 나서 다른 여자와 관계를 맺은 적이 있었대. 제이슨은 그 여자에게 끌려서 좀 더 알아가고 싶다고 생각했지만 윤리적으로 옳지 않다는 생각 때문에 만남을 그만두었다고 말해줬어. (…) 우리는 어떻게 해야 좋을지 같이 고민했고, 아직 서로를 사랑하고 있으며 이혼할 마음이 없다는 걸 확인했지." 결국, 두 사람은 "혹시 정말 사귀고 싶은 멋진 사람이 나타나면 서로 알리기"로 약속하고 오픈 매리지를 실천하기로 했다.

서로를 위해서

아리스(여성, 40대)와 로빈(남성, 40대)은 브라질에서 만났다. 그들은 20대 때부터 교제를 시작했다. 그 후 아리스의 전근으로 두 사람은 해외를 전전하다가 10년 전부터 LA에서 동업을 시작했다. 이제는 사업상 파트너이기도 한 셈이다. 로빈이 결혼제도에 반대하기 때문에 둘 사이에 법적 유대는 없다. 둘이 LA에서 살기 시작했을 때, 아리스의 대학 친구는 자신이 폴리아모리스트라고 아리스에게 고백했다. 이후 그 친구는 아리스와 로빈에게 폴리아모리에 대해 자주 얘기했다. 처음에는 이상하게 생각했던 아리스도 점점 흥미를 느꼈고, 곧 자신들도 폴리아모리와 맞을지도 모른다고 생각하게 됐다. 둘은 서로를 위해서 폴리아모리에 도전하기로 했다.

현장조사 에세이 1 폴리아모리 세계의 안내인

밤 11시 반. 나를 태운 차가 산길을 달리고 있다. 주변은 칠흑같이 어두웠고 지나가는 차도 없었다. 여기가 어딘지도 모른다. 로스앤젤레스 교외라는 것 이외에는. "어디를 가고 있나요?" 운전 중인 남성에게 물었다. "비밀이야" 그는 고개를 돌리지도 않고 그렇게 말하고 히죽 웃었다. 어둠 속에서 느끼는 낯선 이의 미소만큼 기분 나쁜 것은 없다. 나는 불안해져서 가방에서 휴대전화를 꺼냈지만 아무런 신호도 잡히지 않는다. 조사 때문이라고는 하나 낯선 곳에서 낯선 사람의 차를 탄 나의 행위는 역시 경솔했던 것일까. 운전석의 남성은 글렌이라고 한다. 내가 여기까지 오게 된 경위는 다음과 같다.

5일 전 폴리아모리 모임에서 글렌과 만났다. 어디에 앉으면 좋을지 몰라 뻘쭘하게 서 있던 내게 "여기 와서 앉아"라며 말을 걸어준 게 그였다. 나는 자기소개를 한 후 폴리아모리를 조사하기 위해 일본에서 왔으며 폴리아모리를 실천한 적은 없다고 밝혔다. 글렌은 "이 모임에서 일본인을 본 건 처음"이라며 호의적으로 대해줬다. 토론이 시작되고부터는 별다른 얘기를 나누지 않았지만 돌아갈 때 명함을 건네고 인터뷰를 부탁했다. 그날 밤 바로 글렌으로부터 메일이 왔다. 폴리아모리에 관한 문헌들이 첨부되어 있었고 말미에는 "인터뷰라면 언제라도 괜찮아"라고 적혀 있었다. 나는 감사의 말과 함께 "다음 주쯤 만나고 싶다"고 답장했다. 약속 장소는 글렌의 집 앞이었다. 그의 집은 내가 사는 곳에서 고속도로로 50분 정도 걸리는 교외에 있었다. 오후 7시경에 도착했다. 글렌은 식사를 하면서 대화를 나누자며 자기 차로 이동하자고 제안했다. 우리가 향한 곳은 일식 레스토랑이었다. 그는 내게 "일본요리가 그리울 거 같아서"라고 말했다. 센스 있는 사람! 실제로 나는 일본요리가 그리웠다. 로스앤젤레스에 일식

레스토랑은 산처럼 많다. 그러나 가본 적은 없었다. 오랜만에 맛본 생선회, 튀김, 메밀국수. 음식이 입에 들어갈 때마다 행복했다. 음식의 힘을 가볍게 볼 수는 없다. 나는 최고로 편한 상태에서 이야기를 들을 수 있었다. 이전까지의 인터뷰는 사전에 준비한 질문을 하는 것만으로도 벅찰 정도였다. 그 인터뷰 녹음 기록들을 돌려 들으면 부끄러울 정도로 긴장하고 있었던 게 느껴진다. 그러나 글렌을 인터뷰한 날은 끊임없이 질문이 나왔고 대화는 끊이지 않았다. 결국 우리는 마지막 손님이 되어 영업이 끝날 즈음에야 문밖으로 나왔다. 차에 올라 타자 글렌은 드라이브를 제안했다. 너무 늦었다고 말하고 싶었으나 참았다. 흐름이 좋을 때는 그 흐름을 타는 편이 좋다고 생각했기 때문이다.

레스토랑에서 그렇게 활기찼던 글렌이 지금 아무 말 없이 운전만 하고 있다. 게다가 조금은 험악한 얼굴이다. 어쨌든 무사히 돌아갈 수 있도록 기도하면서 어둠을 응시했다. 글렌은 "도착했어"라고 말하고 차를 세웠다.

에, 여기? 차에서 내리자 어딘지도 모를 산 중턱이었다. 공기가 맑아서인지 밤 특유의 산 내음이 밀려왔다. "이 동네에서 야경이 제일 예쁜 곳이야. 낮에는 하이킹코

스지만" 저 멀리 길가의 불빛이 보였다. 너무 예뻤다. 처음으로 내려다본 로스앤젤레스의 거리. "너의 집은 저쪽이야" 그가 알려준 방향으로 고개를 돌리면서 생각했다. '내 집이 있는 곳, 도쿄가 아니네. 로스앤젤레스에 와서 벌써 3개월. 시간 참 빠르다'라고. "이봐 조사는 잘되고 있어?" 글렌이 갑작스럽게 물어온다. 나는 말문이 막혔다. 뭔가 시도는 하고 있지만 솔직히 잘되고 있다고 호언장담할 상황은 아니었다. 내가 주로 사용하는 조사방법은 '폴리아모리스트 인터뷰'와 '폴리아모리 모임 참여관찰'이다. 나에게는 일본을 떠나기 전에 설정한 나만의 커다란 목표가 있었다. 어떻게든 폴리아모리스트와 가능한 많은 시간을 함께 보내는 것. 현장조사를 시작한 지 얼마 되지 않았지만 목표에 다다를 수 없을 것만 같았다. 인터뷰에 응해주는 사람은 많다. 그러나 모두 일과 육아, 데이트로 바쁘다. 당연히 자신의 생활이 있다. 이 상태라면 끊임없이 인터뷰를 진행해도 나는 계속 '외부인'과 다를 바 없다는 불안이 있었다. 하지만 어떻게 하면 그들의 삶으로 들어갈 수 있는지 모른다. 이런 내 상황과 불안을 글렌에게 솔직하게 이야기했다. 그러자 그는 잠시 생각한 뒤 "내가 뭔가 도울 수 있을 거 같아"라고 말했다. 느리고 진지한 목소리. 나에게 그 한마디는 정말 든든했다. “고마워요!” 여기에 데려와준 것에 대한 고마움과 앞으로도 의지하고 싶다는 마음이 담긴 인사였다. 잠시 침묵이 이어졌다. 나는 멍하니 하늘을 바라보고 있었다. 뭔가 좋은 예감이 들었다. 나는 글렌이 눈치채지 못하게 살짝 웃었다. 이날 이후 나의 생활은 조금씩 변해갔다. 글렌이라는 안내인을 통해 본격적인 현장조사가 시작된 것이다.

4

폴리아모리 입문

어둠이 내린 밤을 계속 걸을 때
도움이 되는 것은
다리도 날개도 아닌
친구의 발소리다.
라는 것을 나는 뼈가 사무치게 느끼고 있다

-발터 벤야민*

어떻게 해야 폴리아모리스트가 되는 걸까?

자신을 폴리아모리스트라고 의식한 사람은 이미 폴리아모리스트다. 그리고 매일 폴리아모리스트로서 행위하면서 폴리아모리스트가 되어간다. 사람들은 어떻게 실질적인 폴리아모리의 세계에 진입하는 걸까. 이 질문에 답하기 위해 이 장에서는 폴리아모리 입문 방법을 소개한다.

인터넷 그룹

먼저 인터넷에서 지역 폴리아모리 그룹을 검색한 뒤 등록한다. 이때 미트업이란 소셜 네트워크 그룹이 상위에 검색되는 경우가 많다. 등록할 때 필요한 입력 항목은 각 그룹에 따라 다르다. 남 캘리포니아 폴리아모리 그룹(이하SCP)을 예로 들어보자. 이 그룹은 2007년에 6명으로 시작했지만 현재는 1041명(2015년 3월 1일 기준)이 등

* 발터 벤야민(Walter Benjamin, 1892~1940): 독일 출신의 유대계 언어철학자. 1919년 「독일 낭만주의의 예술비평 개념」 연구로 베른 대학에서 박사학위를 취득했다. 유물론적 미학주의와 유대 신비주의 사이의 미묘한 긴장을 유지했고, 아방가르드적인 실험정신을 기반으로 지식인의 역할에 대해 성찰했다. 나치의 박해를 피해 피난하던 중 음독자살로 생을 마감한다.

록되어 있다. SCP에 등록하기 위해서는 다음과 같은 항목에 답해야 한다. ①자기소개 ②당신에게 폴리아모리란 ③왜 폴리아모리 그룹에 참가하려고 하는가 ④현재 누군가와 폴리아모리 관계를 맺고 있는가 ⑤아이는 있는가, 아이의 나이는? ⑥당신이 바라는 폴리아모리 관계는 어떤 것인가 등등. 질문에 답한 뒤 완료 버튼을 누르면 그룹의 멤버가 된다. 매우 간단한 절차다. 답한 내용은 사진과 함께 프로필 화면에서 다른 멤버에게 공개된다. 사이트의 첫 페이지에는 달력과 폴리아모리 모임에 관한 정보가 적혀 있다. 예를 들어 토론 모임, 연구회, 식사 모임, 파티, 캠프 등이다. 모임의 일정이 가까워지면 메일로 상세한 정보가 날라온다. "참가/불참/미정" 중 선택해 입력하면 자동으로 그룹 사이트에 반영된다. 그래서 누가 다음 모임과 파티에 참가하는지 미리 알 수 있다. 이러한 시스템 때문에 대화를 나눈 적이 없는 사람으로부터 메시지를 받기도 한다. 가령, "처음 뵙겠습니다. 저번 모임에서 당신을 본 적이 있습니다. 우리도 다음 미팅에 참석할 예정입니다만, 괜찮다면 우리 차에 동승해서 함께 가실래요?"와 같은 메시지. 실제로 나는 3장에서 소개한 아리스와 로빈에게서 이런 메시지를 받았고 이를 계기로 그들과 친해지게 됐다.

폴리아모리스트 모임에 가다

토론 모임

모임 개최 빈도는 그룹마다 다르다. 개최 장소는 누군가의 집 혹은 공공시설인 경우가 많다. 내가 참가한 그룹 중 하나는 매월 세 번째 토요일 오전 10시부터 주최자의 집에서 만났다. 모임의 주제는 매우 다양하다. 가령 "질투와 어떻게 마주해야 할까?", "규칙 설정의 장단점", "육아와 폴리아모리", "폴리아모리와 영화" 등등. 이 그룹에서는 임기응변식 토론은 하지 않는다. 항상 누군가가 먼저 30분 정도 주제와 관련한 프레젠테이션을 진행한다. 발표자는 대부분 그룹의 멤버다. 미리 주최자가 테마별로 발표자를 선정한다. 프레젠테이션이 끝나면 토론이 시작된다. 모두가 자유롭게 의견을 교환한다. 오후 1시 즈음부터는 자유시간을 갖고 점심을 곁들이며 서로 교류한다. 음식은 참가자들이 준비해 가져오고 주최자는 치킨 수프를 제공한다. 토론 모임은 의견교류와 정보교환이 이뤄지는 교제의 장이다. 3장에 등장한 크리스 역시 이 토론 모임에서 만났다.

식사 모임

교류를 목적으로 하는 식사 모임은 레스토랑에서 열리는 경우가 많다. 토론 모임과는 다르게 폴리아모리 관련 주제 이외의 대화도 나눈다. 폴리아모리에 관심을 보이는 친구를 데리고 오는 사람도 많다. 식사 모임에는 적극적으로 어울리는 사람도 있고 혼자서 책을 읽는 사람, 그림을 그리거나 아이폰으로 소프트볼 중계를 보는 사람도 있다. 매우 자유로운 분위기다. 3장에서 소개한 모건은 식사 모임에서 처음 만났다. 그때 모건은 아내인 니콜과 이제는 헤어진 제2파트너와 함께 참가했었다. 참가자의 반 이상이 새로운 참가자이기 때문에 여러 차례 참가해야만 아는 사람이 생겨난다.

파티

핼러윈 같은 행사가 있을 때는 파티가 열린다. SCP에서는 매년 3회 풀파티pool party를 개최하고 있다. 매회 참가자가 늘고 있으며 2013년에는 330명이 참가했다.

아래에서 내가 처음으로 참가한 풀파티 에피소드를

소개하려 한다.

현장조사 에세이 2 풀파티에 가다

토요일 오후. 폴리아모리 모임이 끝나고 집에 돌아와 거실 소파에 누워 있었다. 오후 6시부터는 다른 모임에서 개최하는 대규모의 폴리아모리 파티가 열린다. 부엌에서 커피를 따르고 있는 룸메이트에게 '모임에 가기 싫어지는 병'에 대해 토로했다. 현장조사를 시작한 지 반 년이 지났다. 인터뷰 진행도 익숙해졌고 모임에 참석하는 것도 즐거웠다. 그럼에도 한 번도 참가한 적이 없는 그룹의 모임이나 행사에 갈 때는 왠지 늘 망설여지고 꺼려졌다. 갈팡질팡하다가 오늘은 가지 않기로 결정하고 변명을 궁리하고 있는데 휴대전화 벨 소리가 울렸다. 글렌이었다. 그는 오늘 밤 있을 파티에 관한 세 가지 유의사항을 알려주기 위해서 내게 연락했다고 했다. 첫 번째는 파티가 시작하고 한 시간 후 토론이 있으니 늦지 말 것, 두 번째는 내가 인터뷰를 할 수 있도록 주최자에게 부탁해뒀다는 것 그리고 세 번째는 수영장에 들어갈 생각이라면 목욕 수건을 지참하라는 것이었다. 이렇게 된 이상 불참할 도리가 없다. 어떻게든 기분을 바꿔 파티에 갈 준비를 시작했다.

오후 6시 반, 파티 장소인 한 폴리아모리스트의 자택에 도착했다. 그 집은 평소에 가본 적이 없는 부유층 거주 구역에 위치해 있었다. 주차된 차를 보니 이미 많은 사람이 와 있는 것 같았다. 나는 거기서 조금 떨어진 곳에 주차하고 걸어서 입구로 향했다. 정문을 통과하자 잘 꾸며진 정원과 고급스러운 장식들이 눈에 들어왔다. '이런 집에는 어떤 사람이 사는 걸까' 생각하면서 현관문 앞에 섰다. 문에 손을 대자 갑자기 심장이 뛴다. 문을 열려니 용기가 필요하다. 내가 모르는 세계가 펼쳐지고 있다는 걸 알고 있기 때문이다.

예상대로 많은 사람이 있었다. 모르는 사람 천지다. 나는 어디에 있어야 좋을지 몰라 허둥지둥하는데 누군가 내 이름을 불렀다. 케이트였다. 그녀는 자기에게 오라며 신호를 보냈다. 케이트는 오전에 참가한 모임의 주최자로 글렌의 고교 동창이다. 케이트는 스무 명 정도의 무리 안에서 대화를 주도했다. 나는 내가 있어도 되는 장소를 찾은 것 같아 마음이 놓였다. 그녀는 "지금 내 폴리아모리 역사에 관해 얘기하고 있었어"라고 알려주었다. 얼마 후 티셔츠와 짧은 반바지 차림을 한 40대 전후의 백인 남성한 명이 우리에게 말을 걸어 왔다. “잠깐 괜찮을까? 나는 톰. 여기 파티의 주최자야. 다들 오늘은 마음껏 즐기다 가길 바라!” 상상했던 집주인의 모습과 달라 조금 놀랐다. 소탈하고 싹싹한 분위기. 로스앤젤레스와 어울리는 남성이었다. 오후 7시가 되고 토론이 열리는 별실로 이동했다. 참가자는 약 서른 명. 내가 아는 사람은 글렌을 포함해 다섯 명 정도였다. 사회는 톰이 맡았다. 그의 옆자리는 부인 엔젤이 지켰다. 두 사람은 손을 꼭 잡고 있었다. 아시아인은 나와 엔젤을 포함해 네 명밖에 없었다. 그 외 한두 명의 멕시코인 이외는 전부 백인이었다. 자기소개가 끝나자 토론이 시작됐다. 주제는 폴리아모리로 살아가며 부닥치는 문제와 해결방안이었다. 약 40분이 지나고 휴식 시간을 가졌다. 10분 후 토론이 이어졌다. 톰의 옆을 지키던 엔젤이 보이지 않아 고개를 갸우뚱했는데 다시 찾아보니 그녀는 어느새 20대 중반으로 보이는 한 남성 곁에 앉아 있었다. 그의 이름은 벤. 엔젤은 벤의 어깨에 머리를 기대고 있었다. 나중에서야 톰, 엔젤, 벤은 트라이어드를 실천하고 있으며 한 집에서 가족처럼 살고 있다는 걸 알게 됐다.

토론이 끝나고 나는 음식과 음료를 가지러 갔다. 이 파티에서는 음식도 음료도 모두 무료로 제공됐다. 나는 근처에 앉아 파티 현장을 잠시 지켜봤다. 드나드는 사람들을 관찰하고 그들이 하는 말을 엿듣기에 안성맞춤인 곳이었다. 내 좌우에 놓인 의자는 적당한 회전율을 유지했다. 사람들은 음식을 먹으면서 옆에 앉은 사람과 서로 어디에서 왔는지, 폴리아모리를 실천하고 있는지, 누구의 권유로 이 파티에 왔는지 등의 상투적인 대화를 나눴다. 대부분의 경우 대화가 막힐 즈음 타이밍 좋게 식사를 끝내고 자리에서 일어났고, 서로 명함을 교환하며 다음 만남을 기약했다. 파티에 온 사람들과 어울리면서 알아낸 건 폴리아모리스트가 아닌 사람들이 의외로 많다는 사실이었다. 폴리아모리에 관심이 있는 저널리스트, 심리학자 혹은 상담사들도 있었다. 파티장을 거닐며 주위를 살펴보니 파티용 드레스를 잘 갖춰 입은 사람도 있었지만, 히피풍의 차림을 한 사람도 있었다. 연령층은 20대부터 60대까지 다양했다. 춤을 추는 사람도 있고 체스를 두는 사람도 있었다. 정원에 있는 큰 수영장에는 서른 명 정도의 사람들이 모두 수영복 차림으로 대화를 나누고 있었다.

이 파티가 즐거웠던 이유 중 하나는 알고 있었던 인터뷰이들과의 재회 때문이다. 현장조사는 기간이 정해져 있다. 지속적으로 만날 수 있는 사람은 거주지와 스케줄에 따라 제한된다. 그래서 뜻밖의 재회는 생각보다 훨씬 즐거웠다. 또 새로운 사람과 교류할 기회도 얻었다. 혼자서 어슬렁거리던 나를 발견하고 "당신 일본인이죠? 제 친구가 일본어를 공부하고 있어요"라고 말을 걸어 온 사람은 엔젤이었다. 우리는 로스앤젤레스에서 맘에 드는 카페나 여행에 관해 이야기를 나눴다. 하지만 주위가 소란스러워 좀처럼 말소리가 들리지 않자 조금 조용한 방으로 이동했다. 거기서 그녀는 자기 결혼 사진을 보여줬다. 인도네시아에서 치렀다는 결혼식 사진에는 밝은 얼굴의 친구들과 딸의 화려한 결혼식을 축복하는 부모님의 모습이 담겨 있었다. 엔젤은 부모님에게 자신이 폴리아모리스트라는 사실을 밝히지 않았다고 했다. 그리고 지금은 부모님과 소원해졌단 말도 덧붙였다. 나는 파티의 후반부를 엔젤과 같이 보냈고 결국 톰과의 인터뷰는 성사되지 않았다. 톰과는 다음에 같이 하이킹에 가기로 약속을 하고, 엔젤과는 요가를 가기로 약속한 후 파티장을 떠났다. 돌아오는 차 안에서 파티 안내문에 적혀 있던 문구가 떠올랐다. '오래된 친구와 재회하고 새로운 친구와 만날 기회가 되길 바란다'. "풀파티는 즐거워"라고 말하던 친구를 진정으로 이해한 기분이었다. 오후 11시 귀가. 현관문을 열자 룸메이트들이 소파에서 담소를 나누고 있었다. "잘 다녀왔어? 어땠니?" 룸메이트들은 언제나 나의 경험을 함께 나눌 수 있는 소중한 청중이다. 이날은 생각 이상으로 길고 멋진 하루였다.

연인과의 만남

파티, 토론 모임, 식사 모임은 친구를 만들 수 있을 뿐만 아니라 연인을 찾는 장으로도 기능한다. 나는 지난 풀 파티에서 사이먼과 아만다를 다시 만났다. 둘은 식사 모임에서 만난 후 몇 번의 데이트 후에 교제를 시작했다고 했다. 실제로 폴리아모리스트는 어떻게 파트너와 만나게 되는 걸까?

폴리아모리 조사에 따르면 "현재의 파트너와 어떻게 알게 됐는가?"라는 질문에 대부분이 친구의 소개와 직장에서의 만남을 꼽았다. 친구나 직장을 통해 연인을 만나는 것은 여느 모노가미 사회와 마찬가지다. 하지만 폴리아모리 사회에서는 '인터넷', 즉 온라인을 통한 만남이 주목할 만하다. 폴리아모리스트가 이용하는 온라

현재 파트너를 알게 된 경위

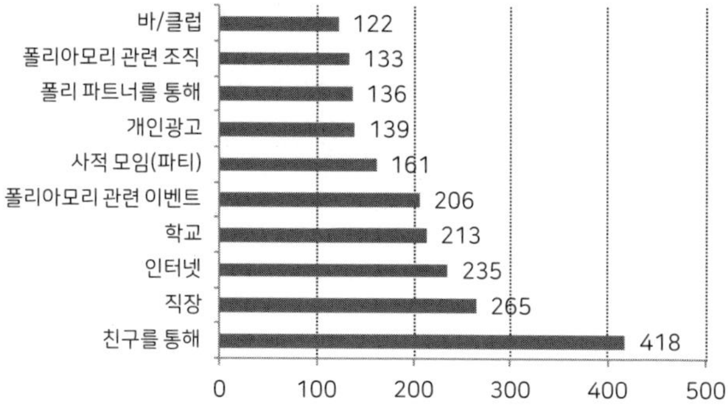

인 만남 사이트 중에서도 가장 자주 언급되는 게 'OK큐피트'다. 이 사이트는 폴리아모리 전용은 아니지만 선택 항목에 폴리아모리 코너가 있어서 폴리아모리스트에게 인기가 있다. 폴리아모리 전용 온라인 만남 사이트로는 'LoveMany', 'PolyamorousLove' 등이 있다. 이 사이트들이 보통의 온라인 만남 사이트와 다른 점은 검색 항목에 '커플'과 '그룹'이 구분되어 있다는 점이다. 한 커플이 자신들과 함께할 인연을 찾으며 게재한 글을 보자. 사진과 함께 이런 메시지가 적혀 있다. "우리는 48세, 45세의 결혼 15년 차 부부입니다. 남편은 건축업에 종사하며 저는 사회복지사입니다. 세 명의 자녀가 있지만 따로 살고 있어요. 우리는 트라이어드를 원하며 바이섹슈얼 여성을 찾고 있습니다." 어떤 오픈 매리지 실천자들은 부부가 각자 따로 연인을 찾는다. "나는 이런 사람입니다. 결혼한 지 몇 년 차이며 오픈 매리지를 실천하고 있습니다. 제 이상형은 이러이러한 타입입니다. 흥미 있는 사람은 연락해주세요."와 같이 기본적으로 자신의 폴리아모리 상황을 공개하고 인연을 찾는다.

4장에서는 모임, 파티, 인터넷을 활용해 친구와 연인을 찾는 폴리아모리스트의 모습을 살펴봤다. 이들은 스스로 폴리아모리스트가 되기로 결정하고 동료, 그리고 사랑하는 사람들과 함께 폴리아모리스트가 되어간다. 이런 과정을 통해 사람들은 어떻게 폴리아모리를 실천해나갈까? 다음 장에서는 그들의 일상생활에서 폴리아모리 윤리를 탐구해보려 한다.

5

폴리아모리 윤리

타자에 의해 해체되는 것은 근본적인 필연성이자 정해진 괴로움이다. 그러나 그것은 기회—불려지고, 요구 받고, 내가 아닌 다른 이와 맺어지고, 행동을 종용 당해 나 자신을 어딘가 다른 장소로 보내 어떤 소유로서의 자기 충족적인 '나'를 무효로 만드는 기회—이기도 하다

–주디스 버틀러*

The Ethical Slut. 폴리아모리스트에게 인기가 많은 책이다. 'Slut'는 여러 사람과 성관계를 맺는 여성을 모욕하는 단어다. 제목을 직역하면 '윤리적인 잡년'이다. 이 전략적/도전적인 제목은 마치 "우리(폴리아모리스트)는 당신들(모노가미 사회)이 말하는 '부적절한 짓'을 저지르고 있다"라는 공개적인 선언처럼 느껴진다. 폴리아모리스트에게는 모노가미 사회의 윤리와는 다른 독자적 윤리가 존재한다. 그럼 그 독자적 윤리란 대체 무엇이며 왜 필요한가? 5장에서는 매뉴얼 북, 일상적 사례들을 참조하여 폴리아모리 윤리에 대해 살펴보기로 한다.

폴리아모리의 기본 자세

복수의 사랑을 잘 실천하기 위해서는 어떤 능력이 필요한 걸까. 이 질문에 폴리아모리스트들은 '이성', '지성',

* 주디스 버틀러(Judith Butler, 1956~): 미국의 철학자이자 젠더 이론가. 성 이론을 발전시킨 『젠더 트러블』로 명성을 알렸다. 그녀의 이론은 현재 여성·퀴어 연구에서 중요시되고 있다. 버틀러는 "젠더는 수행적으로 구성된다"고 주장한다. 이는 주체의 행위를 통해 젠더가 결정된다는 뜻이다. 『젠더 트러블』 외에 주요 저서로는 『젠더 허물기』, 『혐오 발언』, 『주디스 버틀러, 지상에서 함께 산다는 것』 등이 있다.

'커뮤니케이션 능력'이라고 답했다. 이성은 선악을 판단하고 도덕과 의무를 스스로에게 부여한다. 모노가미 사회에서 선은 연인 혹은 배우자만을 사랑하는 것이며, 그 이외의 사람과 관계를 맺는 것은 악으로 치부된다. 반면 폴리아모리의 문맥에서 선악의 판단 기준은 자신이 맺는 관계에서 스스로의 행위가 옳은가 그른가이다. 다음으로 지성에 대해서는 폴리아모리와 모노가미에서 각각 문제로 인식하는 사안 자체가 다르다. 폴리아모리스트라고 해도 모노가미가 주류 규범인 사회에서 살아가야만 한다. 폴리아모리를 실천하기 때문에 발생하는 심적/사회적 문제에 적절히 대처하기 위해서는 지식을 갖는 것이 중요하다. 폴리아모리에 관한 지식은 일상생활 속에서 구성된다. 폴리아모리스트인 친구가 고민거리를 갖고 있다면 자신의 노하우를 전수하거나 폴리아모리 지식을 체계화한 매뉴얼 북을 유통하기도 한다. 예를 들어 앞에서 언급한 *The Ethical Slut*과 아나폴의 *Polyamory: The New Love without Limits*는 인기 있는 매뉴얼 북이다. 대부분의 매뉴얼 북에는 폴리아모리 윤리와 지침이 소개되어 있다. 폴리아모리 윤리는 통일되어 있지 않고 매뉴얼 북에 따라 제가끔의 윤리를 제시한다. 예를 들어 *Polyamory: The New Love without Limits*에는 다음과 같은 여섯 가지 폴리아모리 윤리가 적혀 있다.

① 의사결정은 합의로: 각자가 자유롭게 의견을 내고 만남의 조건을 결정하기
② 정직하기: 거짓말을 하거나 속이거나 숨기지 말 것. 자신에게도 파트너에게도 정직하기
③ 상대를 배려하기: 모두가 행복할 수 있도록 항상 배려하기
④ 진심으로 대할 것: 현재의 관계를 굳건하게 하고 더 발전시키려는 의지를 갖기
⑤ 성실할 것: 약속을 지키고 신뢰를 쌓기. 지킬 수 없다면 약속하지 않기
⑥ 개성을 존중하기: 서로 일체감이 생기는 것은 좋지만 한 개인으로서 각자의 욕구를 존중하기

폴리아모리스트는 이러한 지식과 윤리를 참고하여 행동할 수 있도록 여러 노력을 한다. 그중 하나가 일상에서 파트너와 규칙을 설정하는 것이다. 이때 중요한 것은

커뮤니케이션이다.

의식적인 관계 구축

여러 사람과 교제한다고 해도 몸은 하나다. "폴리아모리를 실천하면서 힘든 점은 무엇입니까?"라고 물으면 대부분 '일정 관리'에 대해 토로한다. 폴리아모리스트는 바쁘다. 일정이 겹치지 않도록 사전에 만나는 날짜를 정한다. 또 그룹 달력을 이용해서 교제 상대들에게 자신의 일정을 공개하기도 한다. 그럼에도 불구하고 밸런타인데이나 생일 등 특별한 날에는 충돌이 생기기 쉽다. 폴리아모리 모임에서 나온 사례를 통해 구체적인 고민을 살펴보자.

사례1 제시카의 생일을 함께 보낼 사람은 누구?

제시카(3장 사례 참조)는 남편 제이슨과 오픈 매리지를 실천하는 중이다. 현재 1년 사귄 남자친구가 있다. 남편과 남자친구는 서로의 존재를 알지만 만난 적은 없다. 생일을 한 달 앞둔 제시카에게 남자친구는 "올해 생일은 나랑 보내"라고 말했다. 그러나 그녀는 답을 보류했다. 매년 생일은 제이슨과 함께 보냈기 때문이다. 남자친구는 이벤트가 있는 특별한 날에 함께하지 않으면 질투하고 외로워한다. 제시카는 생일을 누구와 보내고 싶은지 혹은 누구와 보내야만 하는지 머리를 쥐어짜도 답을 내지 못했다. 제시카의 고민을 듣고 미팅 참석자들 사이에서 다양한 조언이 오고 갔다. 예를 들어 "제1파트너인 제이슨을 먼저 생각해야 해", "제이슨의 생각을 물어봐", "이번 기회에 제이슨과 남자친구에게 서로를 소개하면 어때", "기분에 따라 정하지 말고 상황을 잘 고려해"라는 의견들. 나아가 "나중을 생각해서도 남자친구가 감정을 잘 제어할 수 있도록 제시카가 도와야 해"라는 의견도 있었다. 이런 조언을 살펴보면 그들이 이성과 지성 그리고 커뮤니케이션을 얼마나 중요하게 생각하는지 확인할 수 있다. 또 임시방편으로 문제를 다루기보다는 미래를 염두에 두고 근본적으로 해결하려는 모습이 눈에 띈다. 일정을 관리하는 건 중복을 피하기 위해서만이 아니라 감정을 컨트롤하기 위해서기도 하다. 예를 들어 서로 외박 날짜를 맞춘 사람들이 있다. 이는 서로의 파트너가 외로워하거나 불안해하지 않도록 배려하려는 노력이다.

또 '애인을 만나는 것은 자유지만 외박을 하는 것은 삼가'기로 약속하거나 한 달에 가능한 외박 일수를 정한 사례도 있다.

또한 여러 사람과 육체 관계를 맺는 폴리아모리스트는 성性 관리에 엄격한데, 이는 매우 중요하다. 대부분 성병 혹은 의도하지 않은 임신을 피하기 위해 콘돔을 반드시 사용한다는 규칙을 정한다. 또 정기적으로 함께 성병 검사 받기, 사전에 성병 검사를 받은 사람과만 섹스하기와 같은 약속을 하기도 한다. 이렇듯 폴리아모리스트는 일정이나 감정, 성을 관리하면서 계획적으로 관계를 만들어간다. 아나폴의 안내서에는 "의식적으로 관계를 정비하는 것은 필수적이다"라고 적혀 있다.

그게 정말 사랑이야?

지식을 활용하는 사랑. 매뉴얼에 기초한 사랑. 계획적인 사랑. 그게 정말 사랑이야? 하는 의문이 드는 사람도 있을 것이다. '사랑은 맹목적이다'라는 말이 있듯, 누군가를 사랑하는 사람은 주위가 보이지 않는 상태가 되어버린다고 생각한다. 그러나 이런 사랑 개념, 즉 낭만적인 사랑 개념은 근대에 만들어진 것이다. 다나카 유코에 따르면 일본은 메이지 시대부터 낭만적 사랑 이념이 침투했다. 그 이전의 일본, 가령 에도시대의 길거리에는 연애 지침서가 넘쳐났다. 당시 사람들은 체계적인 지식을 갖추면 더 완벽한 성애 관계가 가능하다고 생각했다. 이런 유형의 사랑에 대한 발상은 현대를 살아가는 우리와는 조금 다른 듯하다. 하지만 비교문학자 요코타 무라카미는 『뽀빠이』, 『브루투스』, 『앙앙』* 같은 잡지의 연애 특집란 분석을 통해 현대 일본에서도 매뉴얼로 숙련된 연애를 도모하는 양상이 보인다고 주장했다. 모노가미 관계에서도 체계적으로 연애를 관리하는 모습은 흔하다. 연인과 시간을 보내기 위해서 일정을 관리하거나 성을 관리한다. 다수의 사람과 관계를 맺는 폴리아모리의 경우 이런 유형의 문제가 더 두드러질 수 있다. 그래서 대화로 진지하게 약속과 규칙을 정하면서 계획적으로 관계를 유지하려는 의식이 높다.

* 일본의 유명한 패션 잡지

자유 연애의 역설

규칙과 매뉴얼이 있어도 꼭 계획대로 진행되는 건 아니다. 인간은 우발적이고 예측 불가능한 세계에 살고 있으므로. 여기서 마리아가 '폴리아모리 리얼 시추에이션'이라고 정의한 상황을 소개한다.

사례2 폴리아모리 리얼 시추에이션

마리아(3장 사례 참조)와 존은 폴리아모리 그룹이 주최하는 식사 모임에서 만나 서로의 매력에 바로 빠져들었다. 당시 마리아와 존에게는 각자 다른 파트너가 있었다. 둘은 이 상황을 알고 교제를 시작했다. 그들은 매월 초에 미리 데이트 일정을 정하기로 했다. 대부분 금요일 밤을 함께 보냈다. 그 후 둘 모두 만나던 파트너와 이별했지만 여전히 폴리아모리적 관계를 유지한다. "사귄 지 2년이 넘어갈 즈음 존에게 새로운 파트너가 생겼어. 그러자 지금까지 잘 견뎌왔던 질투가 갑자기 문제 되기 시작했지. 나는 내가 질투하기 시작했다는 사실을 솔직하게 밝혔어. 그는 자신의 새 여자친구를 만나볼 것을 제안했지. 그래서 우리 셋은 저녁을 같이하기로 했고. (…) 그녀는 매우 매력적이었어. 그 점은 나를 기쁘게도, 기분 나쁘게도 하더라. 그가 어떤 상대와 데이트를 하는지 알게 돼서 내 안의 질투와 불안이 어느 정도는 가라앉았다고 생각해. 하지만 다시 질투와 불안의 감정이 잦아지기 시작했어. 어느 일요일 아침 컴퓨터로 메일을 체크하는데, 원래 그날 밤으로 예정됐던 폴리아모리 모임 시간이 변경됐더라. 그날은 그와 약속이 없었지만, 갑자기 시간이 비어서 존에게 전화를 했지. 혹시 시간 있으면 만나고 싶다고 말했어. 그는 아직 일정을 모르니 오후 6시쯤 다시 연락하자고 답했고. 그 시간이 돼서 존에게 전화했더니 그가 "지금 다른 여자친구와 데이트하고 있으니 오늘 밤은 못 만나"라고 말하는 거야. 그때 그를 향한 분노가 일었지만 괜찮은 척 즐거운 시간 보내라며 전화를 끊었지. 따질 수가 없었어. 왜냐면 그날은 데이트 약속을 미리 했던 것도 아니고, 그가 다른 여자친구와 만나는 것을 나무랄 수도 없으니까. 나는 그가 나보다 그녀를 선택한 거 같아서 외로웠어. 절대 그를 독점하고 싶은 건 아니야. 그래도 그와 나의 관계가 그녀 때문에 망가지는 건 아닌지 불안했어. 아직도 감정 조절이 잘 되지 않아." 계획적으로 폴리아모리 관계를 유지하려 노력해도 예측 불가능한 일은 불쑥 날아든다. 한 통의 메일을 통해 마리아의 갈등을 짐작할 수 있었다. "그가 다른 여자친구와 만나는 것을 나무랄 수도 없으니까"라고 읊조린 마리아의 말은 자유로운 연애를 추구하면서도 스스로가 정한 규칙에 구속되어버리는 이중적인 상태를 시사한다. 여기서 말하는 '자신의 규칙'이란 감정을 잘 제어하는 것이었다.

자기 통제라는 과제

폴리아모리스트는 왜 스스로에게 규칙을 부여하는 것일까? 누군가에게 그 무엇을 강요당하지 않았는데도 스스로 감정의 방향을 강제하는 건 왜일까? 마리아는 왜 자신의 감정을 제어해야만 한다고 생각하는 것일까? 이 문제를 고찰할 때 푸코가 제시한 '복종화의 양식' 개념은 꽤 도움이 된다. 복종화의 양식이란 '사람들이 자신의 도덕적 의무를 인정하도록 스스로에게 권유하거나 강요하는 방법과 양식'이다. 푸코가 든 예를 살펴보자. '그리스 시대의 왕 니코클레스는 왜 아내를 향한 정절을 지켰을까?' 니코클레스가 아내에 대한 정절을 지킨 것은 '나는 이성적인 존재이므로 아내에게 정절을 지키지 않으면 안 된다' 같은 이야기와는 상관없다. 푸코에 따르면 그가 정절을 지킨 건 '나는 왕이다. 타자를 지배하지 않으면 안 된다. 그러므로 먼저 내가 나 스스로를 지배할 수 있다는 사실을 반드시 증명해야 한다.'라고 생각했기 때문이다. 이걸 마리아의 맥락에 적용해서 생각해보자. '나는 폴리아모리다. 폴리아모리스트로서 품은 사랑을 잘 헤쳐나가야 한다. 그러니까 먼저 내 감정을 제어해야 해.' 이 복종화 양식은 사실 폴리아모리에게만 한정되는 것은 아니다. 가령 한 여성이 기혼남성과 교제할 경우, 그를 사랑한다면 그와 그의 아내에게 피해를 주지 않으려 자신을 관리할 것이다. 그를 그의 아내와 잘 공유하고 싶기 때문이다. 그러나 그의 아내는 이 여성을 배려하려는 노력을 하지 않는다. 아내는 그녀의 존재를 모르기 때문이다. 폴리아모리의 경우 관계에 관여하는 모두가 복종화의 양식에 참여한다. 이게 모노가미와 폴리아모리의 가장 큰 차이일 것이다.

니코클레스왕은 자신을 아름다운 존재로 만들려는 관념(의지)으로부터 의식적으로 구속당한다. 왕뿐만 아니라 고대 그리스 사람들은 자신의 인생에 미와 권력을 부여하기 위해 노력했고, 이를 위해서는 스스로 자기 자신의 주인이 되어야 한다고 생각했다. 따라서 자신을 억제하기 위한 수행을 했다. 폴리아모리스트에게도 자기 통제는 중요한 과제다. 그들이 자기 통제를 중시하는 이유는 폴리아모리라는 관계에 윤리를 부여하기 위해서다. 자기 통제는 폴리아모리라는 공동체를 살아가는 성원들이 자유연애를 실천하기 위해 받아들인 윤리적인 희생, 즉 자유로운 관계에 대한 대가다. 마리아의 예로 돌아가자. 그녀가 갈등하게 된 것은 "폴리아모리스트로서 자기 통제를 하자"는 내면의 목소리가 모종의 의무로 작용했기 때문이다. 이 대목에서 주목해야 할 것은 마리아가 스스로에게 부여한 의무는 자기 희생인 동시에 자기 배려이기도 하다는 사실이다.

자기 희생=자기 배려=타자에 대한 배려

현대사회에서 자기 배려는 자기애의 한 형식, 즉 에고이즘으로 인지된다. 그러나 종래의 자기 배려는 자기 희생과 함께하는 것이었다. 푸코는 자유로운 실천으로서의 자기 배려에 대해 말했다. 그리스 로마 시대의 자기 배려는 개인적 자유가 윤리로 반영되는 양태였다. '너 자신을 알라' 같은 경구에는 자유를 제대로 실천하기 위해 스스로를 배려하라는 뜻이 담겨 있다. 여기서 자기 배려는 자유를 실천하기 위한 조건이다. 또한 자기에 대한 배려는 항상 타자와의 관계를 전제하며 나라는 존재는 타자 안에서 위치 지어진다. 자기 배려는 자기 자신에게 신경을 쓰면서 동시에 타인을 의식하는 것이기도 하다. 폴리아모리스트의 숙제인 자기 통제는 자기 방어인 동시에 타자를 배려하는 방법이기도 한 셈이다. 다수의 사람과 관계를 갖는 폴리아모리스트는 자신이 상처 입을지도 모른다는 가능성과 상대를 상처 입힐지도 모른다는 가능성을 동시에 자각한다. 때문에 그들은 자유로운 사랑을 실천하는 것에 내재된 책임에 연연하는 것이다. 내 눈에 폴리아모리스트의 모습은 자유를 완벽히 실천하기 위해 자기 배려를 행하는 그리스 로마인과 겹친다. 폴리아모리의 어원이 라틴어와 그리스어라는 사실은 우연의 일치이기만 한 걸까.

변화를 위한 약속과 관계

지금까지 폴리아모리의 자기 배려와 윤리적 책임에 대해 살폈다. 이성, 지성, 소통 능력, 계획, 규칙, 약속 등 관계를 맺는 인간의 이성적인 능력과 책임이 강조되었다. 여기서는 폴리아모리스트가 중요하다고 여기는 또 다른 항목들을 소개하려고 한다. 바로 '감성', '우연', '변화', '흐름'에 대한 이야기다. 인간의 힘은 한계가 있다는 것, 사람의 마음은 변하기 쉽다는 것, 이성으로는 이해할 수 없는 무언가가 존재한다는 것. 이 사실을 인식하는 건 중요하다. 자기 배려와 모순되는 것처럼 보이지만 조금 더 이야기를 진행해보도록 하자.

폴리아모리 워크숍과 연구회에서는 "사람의 마음은 변하기 쉽다는 걸 이해하라, 규칙을 설정했을 때 이후의 상황이 늘 같을 거라고 생각하지 말라"고 말하며 유연한 대응을 주문한다. 규칙과 약속은 결코 고정된 것이 아니며 상황에 따라서 유연하게 바뀌어야 한다. 지키는 것이 중요하지만 더욱 중요한 건 서로 협의하는 것이다. 이때 이성과 감성은 대치되는 것이 아니라 함께 호응해야 하는 것이다. 협의는 상대방에게 자신의 마음을 강요하는 일방적 태도가 아니며 아무 말 하지 않아도 상대가 자신의 마음을 헤아려주길 바라는 의존적 태도도 아니다. 기대와 희망, 갈등과 고민을 파트너에게 전달하며 자신을 있는 그대로 드러내는 일이다. 이것은 파트너의 요청에 대한 응답이기도 하다. 폴리아모리스트들은 마음을 연 상태로 협의해나갈 때 '진실함'이 전해진다고 말한다. 결국 폴리아모리 윤리의 핵심은, 끊임없이 자신과 사랑하는 사람들의 바람과 기쁨, 슬픔과 아픔을 나누고 직면하는 것이다. 당신은 사랑하는 사람과 제대로 소통하고 있는가?

현장조사 에세이 3 변화를 즐기며 현재를 살아가다

헬레나의 집은 해변에서 차로 10분 정도 걸린다. 그날 헬레나와 네 번째로 만났다. 그녀를 알게 된 건 폴리아모리스트 친구의 소개 덕분이다. 그녀는 친구가 경영하는 인테리어 가게에서 일하며 현재 두 명의 남자친구와 산다. 헬레나로부터 남자친구들에 관한 얘기는 자주 들었지만 실제로 만난 적은 없었다. 뜻밖의 교통체증 때문에 약속시간보다 30분이나 늦게 도착했다. 인터폰을 누르자 하얀 캐미솔에 데님 바지 차림의 헬레나가 나왔다. 늦은 이유를 허겁지겁 변명하는 나에게 헬레나는 웃는 얼굴로 “LA에서는 흔한 일이야”라며 집 안으로 안내했다. 여느 집과 다르게 집 안에서 신발을 신지 않는다. 신발을 벗고 들어가자 향냄새가 감돌았다. 넓지도 좁지도 않은, 작은 정원을 끼고 있는 아담한 집이다.

헬레나가 “비트” 하고 부르자 주방에서 한 남성이 나타났다. 그는 갈색의 짧은 머리에 멋진 안경을 쓰고 있었다. 우리는 서로 잘 부탁한다고 악수를 하며 첫 인사를 나눴다. 다른 남자친구는 시장에서 곧 돌아올 거라고 헬레나가 말했다. “편하게 있어”라고 하기에 거실 소파에 늘어져 앉아 벽에 장식된 사진을 가만히 쳐다봤다. 풍경을 찍은 흑백사진. 그러자 비트가 “이 사진 좋지? 내가 찍은 거야” 자랑하며 내 옆에 앉는다. 감색 점 문양이 있는 하얀 반팔셔츠에 카키색 반바지. 그는 그래픽 디자이너다. 비트는 손으로 커피콩을 갈면서 일본에 대해 이것저것 물었고 내가 그 질문에 답하며 대화가 이어졌다. 언젠가 헬레나는 그가 성실하고 친절하며 똑 부러지는 사람이라고 말했었고, 잠깐이었지만 그 의미를 알 것만 같았다. 얼마 지나지 않아 현관문이 열렸고 키 큰 남자가 자전거를 끌고 들어왔다. "처음 뵙겠습니다" 인사를 건네자 그는 "나는 잭. 헬레나에게서 얘기 많이 들었어. 처음으로 생긴 일본인 친구"라고 답했다. 그리고 그는 고개를 숙이면서 더듬거리는 일본어로 "고맙습니다"라고 수줍게 덧붙였다. 그 모습이 매우 매력적이었다. 잭은 금발에 천연 곱슬머리다. 티셔츠에 태국 바지를 맞춰 입은 모습이 아시아에서 쉽게 만날 수 있는 장기 체류 배낭 여행자 같은 느낌이었다. 나와 헬레나는 소파에 걸터앉았고 비트와 잭은 바닥에 앉았다. 비트는 일본에, 잭은 인류학에 관심을 보였다.

처음 방문한 집이건만 신기하게도 편했다. 아마도 털털한 그들의 성격과 비슷한 연령대라는 공통점 때문이었으리라. 예전에는 주로 50대를 인터뷰 했었다. 20, 30대는 말이 빠르고 관용구가 많아 난감했다. 특히 여럿이 모이면 종종 대화를 따라갈 수 없을 지경이었다. 내가 천천히 얘기하라고 부탁해도 흥분하면 말은 다시 빨라진다. 그럴 때는 비트가 눈치채고 모두에게 주의를 줬다. 헬레나에게 비트는 이혼 후 사귄 첫 남자친구다. 그들은 친구의 홈파티에서 만났다. 두 사람은 가까운 거리에 살고 있었기 때문에 쉽게 친해졌고 점점 서로에게 끌려 연애를 시작했다. 헬레나의 영향으로 비트도 폴리아모리에 흥미를 가지

다가 결국 둘 모두 폴리아모리스트가 됐다. 그리고 2년 뒤에 헬레나가 요가 교실에서 잭을 만나면서부터 트라이어드가 시작된다.

잭: "LA에는 요가 교실이 엄청 많지만 내가 헬레나를 만난 그곳은 다른 곳들과는 달라. 건강보다는 정신 세계에 흥미가 있는 사람들이 모이지. 여기 오는 사람은 모두 오픈 마인드야. 하지만 헬레나는 뭐랄까 그 안에서 붕 떠 있는 듯했지. 친구를 만들려 하지도 않고 레슨이 끝나면 제일 먼저 돌아갔고. 요가를 하러 왔으면서도 긴장을 풀지 못하고 있단 느낌이랄까."

나: "그래서?"

잭: "그때 나는 헌책방에서 아르바이트 중이었거든. 어느 날 헬레나가 내가 일하는 가게에 온 거야. 그게 친해지게 된 계기야. 알면 알수록 재미있는 사람이라고 생각했어. 헬레나는 오랜만에 만난 멋진 여자였어. 그래서 사귀고 싶었지."

잭은 헬레나가 폴리아모리스트이며 다른 남자친구가 있다는 얘기를 듣고도 그녀와 만나고 싶었다고 한다. 당시 잭은 남자친구가 있었고 그에게 폴리아모리를 실천하고 싶다고 말하자 바로 차여버렸다.

나: "헬레나, 비트에게 좋아하는 사람이 생겼다고 말할 때 어떤 기분이었어?"

헬레나: "엄청 긴장했어. 내가 다른 사람을 좋아한다는 사실을 알고도 변함없이 나를 좋아해줄까? 솔직히 불안했어. 우리의 관계가 변할까 봐."

비트: "헬레나는 잭과 사귄 이후부터 내게 엄청 신경을 썼어. 데이트 가기 전, 그리고 다녀온 후엔 특히 더 세심했지. 그래서 걱정하지 말라고, 난 괜찮다고 말해줬어."

헬레나: "비트의 그 말에 안심했던 게 생각나. 그렇게 몇 개월이 지난 뒤 나는 두 사람을 서로 소개해줬어."

나: "그때 서로의 인상은?"

비트: "헬레나가 말한 그대로의 사람이었어. 내 친구 중에는 없는 타입."

잭: "느낌이 좋은 녀석이라고 생각했어. 그렇지만 내 스타일은 아니야(웃음)."

나: "그렇다면 다들 처음으로 폴리아모리를 경험한 거네. 모노가미일 때와 다른 게 있어?"

비트: "더 솔직해졌어. 모노가미일 때는 내 생각을 상대에게 전하지 못할 때도 많았지. 상대도 하니까 나도 한다든지 하는, 조금 겨루는 듯한 느낌도 있었고. 지금은 연

인이면서 같이 프로젝트를 진행하는 동료라는 느낌이 들어."

헬레나: "모노가미는 어쨌든 안정을 선호하지. 하지만 지금은 변화를 즐기고 있어. 내겐 그 점이 가장 큰 차이라고 할까? 실제로 우리 관계도 지금까지 꽤 변해왔어. 비트와 내가 사귀면서 같이 살게 된 것부터가 시작이었지. 그 후 잭이 나타나 잭과 사귀게 됐고. 비트에게도 여자친구가 생겼어. 또 잭이 우리와 함께 살게 됐고. 지금은 잭에게도 남자친구가 생겼어. 이게 현재 상황이야."

나: "헬레나는 비트에게 좋아하는 여자가 생겼다는 말을 들었을 때 어떤 생각이 들었어?"

헬레나: "잘됐다고 생각했지만 약간 불안하기도 했지. 그렇지만 이 사람은 날 떠나지 않을 거라는 믿음은 변함없었어."

잭: "비트가 좋아하게 된 여자는 모노가미야. 그래서 어떻게 사정을 설명해야 할까 셋이서 고민했지.이상한 이야기 같지? 좋아하는 사람이 생겨서 어떻게 고백해야 할지를 현재의 여자친구와 여자친구의 남자친구한테 상담한다는 건. 그것도 매우 진지하게."

나: "잭은? 지금의 남자친구에게 어떻게 말했어?"

잭:"나는 간단했어. 그 사람에게 소개하고 싶은 사람이 있다고 말하고 집으로 초대했어. 그리고 헬레나와 잭을 소개했지. 여기는 내 여자친구와 그녀의 남자친구야라고."

헬레나: "그는 아연실색했어. 당연하지. 그에게서 "너희들 미쳤구나?" 확인 사살당하면서 우리 셋 모두 박장대소했지."

시간은 벌써 오후 7시를 가리키고 있었다. 시곗바늘은 순식간에 지나갔지만 우리의 시간은 천천히 흘렀다. 벽에 가지런히 세워져 있는 세 개의 서핑보드. 챠크라가 새겨진 영적인 그림. 헬레나를 위해 애써 샀다는 앤티크 소파. 거실에 있는 물건에는 각각의 역사가 담겨 있었는데 신기하게도 조화로웠다. 이 셋은 서로 잘 어울려 놀지만 공유하는 취미는 없다. 셋 모두가 관심을 두고 있는 유일한 것은 '탄트라'라고 비트가 말했다. "탄트라?"라고 반문하듯 물으니 잭이 "그래. 넌 잘 모르는구나"라며 이야기를 시작했다.

"탄트라는 간단히 말하자면 '길을 넓히는 방법'이야. 사람은 각각 에너지를 갖고 있어. 자신이 불안하거나 안정돼 있지 않으면 타인을 지배하면서 사람의 에너지를 훔

쳐. 탄트라는 스스로 에너지를 만드는 방법을 가르쳐줘. 그리고 서로 뺏는 것이 아니라 교환하는 것에서 의미를 찾지." 나는 갑자기 시작된 잭의 영적 이야기에 당황했다. 지금 생각해보면 이 순간에 나는 탄트라에 빠져들게 된 것 같다. 잭은 내가 모르는 다른 것들도 가르쳐주었다. 예를 들면 멋진 순간을 몸에 새기는 방법. "자신이 행복하다고 강렬하게 느낀 순간이나 아름다운 경치를 본 순간, 또는 누군가의 다정함을 느낀 순간, 그 어떤 순간도 좋아. 눈을 감고 행복으로 충만한 감각을 전신으로 느껴. 그리고 그 감각을 몸 안에 가두고 자신의 일부로 만드는 거야. 감사의 마음을 담아서. '처음 순간을 잊지 않기를'이라고 외치면 더 효과가 있을지도 몰라. 그러면 시간이 지나도 그 감각을 기억해낼 수 있어." 곧이어 헬레나는 "나도 자주 그렇게 해. 거짓이라고 생각할지도 모르겠지만 꽤 효과가 있어. 저번에 세도나에 갔을 때 셋이서 같이 했어. 기운이 없을 때 그 멋진 감각을 떠올리면 힘을 낼 수 있어"라고 말했다. 변화를 즐긴다. 그리고 과거에 연연하지 않고 미래를 걱정하지 않으며 지금 이 순간을 소중히 여기면서 살아간다. 간혹 기운이 없을 때는 과거에 얻은 멋진 감각을 떠올리며 현재를 살아가는 힘으로 삼는다. 그들이 공유한 인식이다. 잭이 “슬슬 거실 벽 색깔을 바꿔볼까”라고 말했다. 이들은 일상적인 규칙을 정하진 않았지만 벽을 칠하는 작업만은 같이하기로 약속했다. “다음은 무슨 색으로 할까?” 솔직한 느낌을 전하며 제각기 다른 색을 제안했다.

6

질투

질투는 에고이즘을 '윤리'로 인식한다.

-마키 유스케*

폴리아모리의 질투

'질투'에 대해 진지하게 고민해본 적이 있는가? 질투의 감정이 치밀어 올랐을 때 대응하는 나름의 수단은 있을지 모른다. 그렇지만 질투 그 자체에 대해 깊이 사유해본 적은 거의 없을 것이다. 대부분 질투를 본능적이고 보편적인 무엇으로 여기는 경향이 있기 때문이다. 인류학의 감정 연구 분야에서는 감정이 보편적인 게 아니라 사회적 구성물이라는 점을 밝혀냈다. 나는 석사 지도교수가 해주었던 말을 자주 생각한다. "폴리아모리스트가 말하는 'jealousy'를 '질투'와 같은 의미로 생각하지 마". 나카야마 노리코에 따르면 분노와 질투 등의 감정은 온전히 개인적인 것이 아니라 사회에 의해 구성된다. 또한 분노와 질투에 대한 가치 판단은 해당 사회의 문화적 특성과 밀접하게 연관돼 있다. 가령 터키에서는 질투를 긍정적으로 생각한다. 질투가 많다는 것은 그만큼 상대에게 빠져 있다는 증거다. 터키어로 '질투하다'에 해당

* 마키 유스케(真木悠介, 1937~): 일본의 사회학자. 도쿄대학 명예교수. 주요 저서로 『시간의 비교사회학』, 『자아의 기원』, 『기류를 울리는 소리』, 『여행노트』 등이 있다. 미타 무네스케라는 이름으로도 저작 활동을 했으며, 사회의 존립구조론과 코뮌주의를 다뤘다.

하는 단어 '쿠스칸마크Kıskanmak'에는 누군가를 소중히 한다는 의미도 포함돼 있다. 고대 일본에서는 어땠을까? 후루하시 노부타카에 따르면 질투는 사람을 죽음에 이르게 하는 힘을 가진 두려운 감정이었다. 그래서 『만엽집』* 같은 가요집에는 질투를 다루는 노래가 거의 없다. 치명적인 주술의 힘을 가진 노래가 공공연히 퍼져서는 안 됐기 때문이다. 이처럼 사회의 문화적 분위기에 따라 질투의 의미는 다양하다. 따라서 자신이 알고 있는 질투라는 감정이 다른 사회의 그것과 반드시 같은 건 아니다. 폴리아모리의 매뉴얼 북과 워크숍에서는 질투가 사회에 의해 구성되고 각 사회마다 다를 수 있다는 인류학적 지식이 기본적으로 전제된다. 그들은 "질투는 무엇인가?"라는 근원적인 질문을 던지고 이 감정과 잘 어울려 살아가는 방법을 모색한다. 이렇듯 질투가 사회에 의해 구성되는 것이라면 폴리아모리 사회에서 질투는 어떤 것일까? 그리고 폴리아모리스트는 질투에 맞닥트렸을 때 어떻게 대처하고 있을까. 질투를 중심으로 폴리아

* 『만엽집萬葉集』: 일본에서 가장 오래된 시가집이다. 서기 629년부터 759년까지 약 130년간 쓰인 작품 4516수가 담겨 있다. 많은(萬) 작품(葉)을 모은 책(集)이라는 제목에는 만대까지 이어지라는 의미가 있다.

모리를 조망하면 그들이 목표로 하는 자아상과 이상적 관계가 보인다. 6장에서는 폴리아모리의 질투, 그 세계로 안내한다.

질투라는 과제

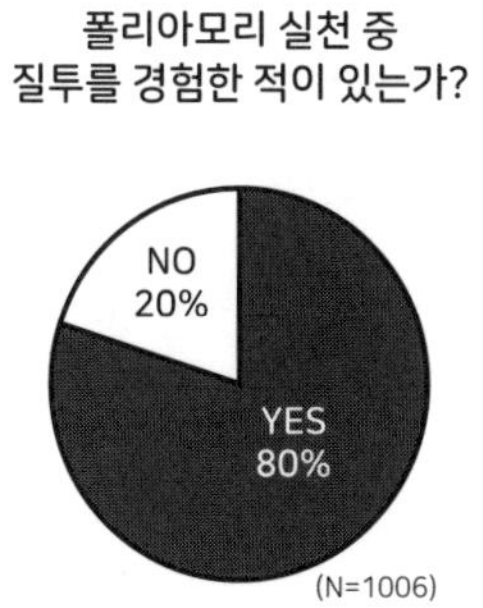

폴리아모리스트에게 질투는 난적이다. "질투한 적이 없다"고 단언하는 폴리아모리스트를 만난 적도 있지만 대부분은 폴리아모리 실천 중 질투를 경험했다고 고백한다.

러빙 모어가 실시한 조사도 위 결과를 고스란히 반영한다. 거의 모든 폴리아모리 매뉴얼 북은 질투에 대처하는 방법을 다룬다. 예를 들어 아나폴의 매뉴얼 북에서는 질투를 다음과 같이 분류하고 이에 대응하는 방법을 제시하고 있다.

① 독점욕으로 인한 질투
② 소외감으로 인한 질투
③ 라이벌 의식으로 인한 질투
④ 에고로 인한 질투
⑤ 불안으로 인한 질투

나는 질투에 관한 이야기를 수집할 때 이 분류를 유연하게 참고했다. 먼저 인터뷰이에게 기억에 선명하게 남아 있는 에피소드를 들려 달라고 한다. 질투의 원인을 고를 때는 위 항목 중 두 개만 선택하게 했다. '불안', '라이벌 의식', '소외감', '에고', '독점욕' 순으로 많이 선택했다. 모노가미 사회에서 파트너에게 좋아하는 사람이 생긴다는 것은 자신이 버려진다는 의미이다. 한편 다수와의 관계를 인정하는 폴리아모리 사회에서는 파트너에게 애인이 생겨도 문제가 없을 듯하지만 의외로 '파트너가 나를 떠날지 모른다는 불안'을 갖고 있는 사람이 많았다. 소외감 때문에 질투를 느끼는 사람은 대부분 트라이어드 폴리아모리스트였다. 한 부부와 5년째 트라이어드 중인 한 남성은 결혼 기념일을 함께 축하할 정도로 많은 시간을 부부와 함께 보냈다. 그런데 부부는 올해 "이번 결혼 기념일에는 둘만의 여행을 하고 싶어"라고 말하고는 애리조나로 여행을 떠났다. 그리하여 홀로 남겨지게 된 상황을 폴리아모리 용어로 '외톨이 신드롬 odd-one-out syndrome'이라고 한다. 에고 때문에 질투를 느끼는 사람들은 "파트너가 만나는 사람의 성격이 별로야", "내 사람의 연인으로 인정할 수 없어"라는 식으로 공유 관계 중인 사람에 대해 썩 좋은 인상을 갖고 있지 않았다. 독점욕 때문에 질투를 느낀다고 답한 사람은 매우 적었다. 하지만 질투 사례를 분석할 때는 주의해야 한다. 대부분 질투의 감정에서 어느 정도 거리를 둘 수 있게 된 현재 시점에서 과거의 경험을 회상하기 때문이다. 나는 그들이 자신의 경험을 돌이켜보며 "그건 독점욕 때문이 아니었어"라고 강조한다는 점에 주목했다. 그들의 답변에는 폴리아모리적 사고와 논리가 작용하고 있었다. 이 점에 대해서는 6장의 후반부(속박하지 않는 사랑의 형태)에서 자세히 살펴보기로 하고 질투와 관련된 두 가지 사례를 먼저 보자. 폴리아모리스트는 어떤 상황에서 질투를 느끼게 될까?

사례1 니콜의 소외감(72~73쪽 참조)

"스웨덴에서 온 여성에게 반한 적이 있어. 나와 아내 니콜이 폴리아모리스트로 산 지 10년 정도 지났을 때의 이야기야. 그 여성과는 폴리아모리 모임에서 알게 됐지. 그녀는 시를 좋아하고 나와 감각적으로 잘 맞는 여성이었어. 그녀는 로스앤젤레스에 3개월 동안 머물기로 했고 니콜도 내가 그녀를 만나는 걸 찬성했지. 나는 가능한 한 그녀와 시간을 보내고 싶었고 적어도 주 3회는 만났어. 어느 날 밤늦게 집에 돌아오니 니콜이 굉장히 불안정한 상태인 거야. '너 따위는 꺼져버려!'라고 소리치며 흐느껴 우는 니콜을 보고 깜짝 놀랐어. 그때서야 최근 니콜에게 신경을 쓰지 않았다는 걸 깨달았지. 당시 나는 새 여자친구에 완전히 빠진 상태였거든. 심지어 그녀를 따라 유럽으로 가고 싶다고 생각했을 정도였으니까." 이 사례에서 문제는 파트너에게 새 연인이 생겼기 때문이 아니다. 그보다는 파트너가 새 애인에 흠뻑 빠지는 바람에 니콜 자신이 극도의 소외감을 느꼈다는 데에 있다. 비슷한 다른 사례도 함께 살펴보자.

사례2 비교하고 비교당하는 에마(70~71쪽 참조)

"내가 폴리아모리 사회에 들어선 지 얼마 되지 않았을 때였어. 글렌의 마음을 쏙 사로잡은 여성이 등장했어. 바로 린지야. 글렌은 그녀와 나를 가족 모임에 초대했고 우리는 작년 추수감사절을 같이 보냈어. 그런데 그녀는 미인이고 총명한 사람이라서 같이 있으면 나는 항상 비참한 기분이 들었어. 게다가 케이트가 그녀를 귀여워하는 게 정말 싫었어." 글렌은 린지에게 고백했지만 거절당해 사귀지는 못했다. 하지만 이 둘은 자녀들 일로 만날 기회가 많았고 따라서 에마의 질투는 계속됐다. 그녀의 질투는 자신을 린지와 비교했기 때문에 생긴 것이다. 파트너인 글렌이 린지를 좋아했기 때문만이 아니라 그의 가족인 케이트가 린지를 높이 평가했다는 사실이 에마의 감정을 자극했다. 모노가미 세계에서도 이런 상황은 종종 일어난다. 예를 들어 시어머니가 손윗 동서를 더 귀여워한다든지 하는 경우. 폴리아모리 관계도 모노가미 관계처럼 혈연관계와 친구관계가 얽히고설키며 전개된다.

질투의 가치

폴리아모리스트들은 질투를 어떻게 인식하고 있을까? 질투에 대한 입장은 크게 긍정/긍정도 부정도 아님/부정으로 나눌 수 있었다. 질투를 긍정하는 이들의 비중이 가장 낮다. 대부분은 질투를 애정의 표현으로 생각하지 않는다. 부부에게 새로운 기운을 제공한다고 생각하는 오픈 매리지 사례, 에로스의 관점에서 긍정적으로 보는 BDSM(8장 성과 관련된 사례 참조) 사례처럼 물론 예외도 있다. 질투를 부정적으로 생각하는 사람도 생각보다 적었는데, 전남편에게 가정폭력을 당했거나, 전처의 과도한 집착을 경험한 사람이 많았다. 위 설문 결과의 약 80%를 차지하는 대부분의 폴리아모리스트들은 질투를 긍정과 부정으로 예단하지 않는다. 그들은 질투를 선악의 관점에서 판단하기보다는 질투도 활용할 수 있다는 사실에 주목한다. '질투는 이정표가 된다', '질투를 통해서도 배울 수 있다', '자신을 직시하는 데 유효하다'와 같은 이들의 태도에서는 의식적으로 질투를 활용하려는 폴리아모리스트의 자세를 엿볼 수 있다.

질투 활용법

질투는 복잡한 감정이다. 시간이 지나 돌아보면 웃어 넘길 수 있을지 모르지만 막상 그 감정에 사로잡히면 냉정을 유지하기 어렵다. '질투를 느낄 땐 어떻게 하나요?'라는 물음에 '파트너에게 얘기한다'라고 답한 비율이 가장 높았다. 매뉴얼 북에서도 "질투가 생기면 먼저 파트너에게 말하자"라고 조언한다. 솔직하게 말하는 것은 감정을 바라볼 수 있는 거리를 확보해주고, 파트너와 함께 문제를 직시할 수 있는 기회를 주기 때문이다. 이와 비슷한 원리로 파트너와 함께 참여하는 폴리아모리 상담에서 자주 사용되는 '체계적 둔감법'을 들 수 있다. 이 기법은 긴장이 완화된 상태에서 불안을 자아내는 이미지를 불러들여 불안을 경감시키려는 목적을 갖는다. 아내의 새 연인을 질투하는 남편의 상담 사례를 보자.

먼저, 남편은 마음이 불안해지고 질투가 생기는 상황을 구체적으로 적는다. 다음은 감정을 느끼는 정도에 따라 '잘 느끼지 않는다'에서부터 '참을 수 없다'에 이르기까지 순위를 매겨본다. 아내가 새 연인과 키스해도 괜찮지만 그의 집에서 자는 건 참을 수 없다면 아내와 그녀의 연인이 식사하는 모습을 먼저 상상하게 한 뒤, 긴장이 완화된 상태로 유도한다. 그다음 키스하는 장면까지, 다음에는 그들이 섹스하는 상황까지 상상의 범위를 확장해간다. 여기서 불안과 질투의 기미가 보이면, 만일 그곳이 아내 애인의 집이 아니라 자신들의 집이라면 어떤지, 자신이 함께라면 어떤지, 자신의 연인(없다면 가공)을 포함한 네 사람이 함께 여행 중인 상황에서라면 어떤지 설정을 바꿔가며 시험해본다.

아내의 손을 잡고 최대한 이완된 상태라면 효과는 더욱 높아진다. 아내가 연인의 집에서 머무르는 장면을 감정의 기복 없이 상상할 수 있게 될 때까지 이 과정을 반복한다. 이 치료의 목적은 현실에서 같은 상황이 발생해도 적절하게 대처하기 위해서이다. 정신분석 같은 분야에서 활용하는 불안대처법을 폴리아모리식으로 조정한 이 치료법은 불안을 가시화시켜 통제 가능하게 만든다.

반면 파트너와 함께 대처하는 것을 이상적으로 생각하지만 자신의 질투를 밝히지 못하는 사람도 있다. 가령 사례2에서 에마는 "질투하고 있다는 걸 글렌에게 좀처럼 말할 수 없었다"라고 말했다. 이때 에마는 인터넷에서 폴리아모리 지원 단체를 검색해 전화 상담을 받았다. 이 외에도 다른 사람의 도움을 받아서 질투에 대처하는 여러 방법으로 폴리아모리인 친구에게 상담하거나, 모임에 참가하거나, 폴리아모리 인터넷 상담 게시판에 고민을 올리는 것 등이 있다. 또 혼자서 대응할 때는 폴리아모리 사이트에 기재된 질투 극복 관련 정보, 매뉴얼 북, 요가법 등을 주로 찾았다. 질투 경감에 도움이 되는 호흡법을 활용하는 사람도 있었다.

이처럼 폴리아모리스트는 다양한 대처법을 통해 질투와 불안을 느끼는 상황에 대응한다. 당신이라면 어떻게 하겠는가? 시간이 해결해줄 거라는 말을 믿고 감정을 방치하거나, 파트너에게 불만과 화를 터뜨리게 되거나, 괴로운 나머지 이별을 선택할 수도 있다. 이런 방법이 나쁘다는 게 아니다. 단지 애써 참거나 파트너와의 미래를 포기하는 방법 외에도 다른 선택이 있다는 것을 아는 것이 중요하다. 비슷한 맥락에서 질투를 활용할 수 있다고 생각하는 폴리아모리스트들도 있다. 이들은 질투를 어떻게 활용하고 있을까? 매뉴얼 북에서는 질투를 느끼는 상황에서 자신이 진짜 원하는 게 뭔지 질문하는 기회를 찾아보라고 조언한다. '애초에 왜 폴리아모리를 실천하고 싶었을까?', '이 관계를 진심으로 바라는 걸까?', '어떤 상황이 최선인가?' 등등. 또는 냉정한 시선으로 자신들의 관계를 바라보고 문제를 점검하는 계기로 삼을 수도 있다. 문제를 함께 직면하는 것만으로도 강한 유대감이 형성된다.

폴리아모리스트에게 질투는 단순히 개인의 심리 상태를 뜻하지 않는다. 오히려 서로 공유하고 서로를 위해 활용해야 하는 감정인 것이다.

파트너가 나 외의 사람을 사랑해서 기쁘다

질투의 반대말은? 질투를 싫어하는 사람은 애정이라고 대답할 것이고, 마더 테레사처럼 무관심이라고 받아칠 사람도 있을 것이다. 폴리아모리스트의 답은 '컴퍼션compersion'이다. 이것은 케리스타 공동체(2장 참조)가 만든 신조어로, 질투와는 정반대의 감정을 의미한다. 폴리아모리 용어해설에서 컴퍼션은 "연인이 다른 사람을 사랑한다는 사실을 알았을 때 생기는 기쁜 감정"이다. 구체적으로는 연인이 자기가 아닌 다른 파트너 때문에 기뻐할 때, 남편이 다른 파트너와 행복하게 지내는 모습을 봤을 때, 혹은 아내가 다른 파트너와 섹스를 즐기는 장면을 목격할 때 생기는 기쁨인 셈이다. 그런 게 가능하냐고 의문을 품는 사람이 많을 것이다. 유감스럽지만 나 역시 컴퍼션을 감각할 수 있다고 장담하지 못한다. 이 감정은 질투처럼 의지를 갖고 조절할 수 있는 게 아니기 때문이다. 어느 날 갑자기 컴퍼션을 느꼈다고 고백하는 빌의 사례를 소개한다.

사례3 첫 컴퍼션

빌(남성, 50대)과 주디(여성, 40대)는 결혼 20주년을 맞은 부부이며 5년 전부터 오픈 매리지 중이다. 처음 3년은 순탄하지 않았다. 주디에게 연인이 생기면 빌은 항상 질투했다. 자신에게 다른 연인이 있어도 마찬가지였다. 그러나 주디의 현재 남자친구인 마크(남성, 50대)의 경우는 달랐다. 빌과 마크는 마음이 잘 맞았고 친구 관계로 발전하기에 이른다. "2년 전 주디의 생일이었어. 주디를 친정에 보내고서 나와 마크는 같이 요리를 만들었지. 주디를 놀라게 해주고 싶었기 때문이야. 집에 돌아온 주디는 정말로 기뻐했어. 셋이서 테이블에 앉아 식사하고 있는데 마음속 깊은 곳에서부터 행복을 느꼈어. (…) 게다가 그날 밤에 주디와 마크가 키스하는 걸 봤는데도 질투가 나기는커녕 행복한 기분이 들었어. 컴퍼션이었어." 지금은 거의 매주 토요일 밤을 주디와 마크, 그리고 자신의 연인까지 네 명이 함께 보낸다고 한다. 그는 모두 모여 식사하거나 영화를 감상할 때 갑자기 컴퍼션이 느껴졌다고 말했다. 나는 그들이 컴퍼션이라는 단어를 쓸 때마다 답답하기 그지없었다. 컴퍼션이 제아무리 이상적이라고 해도 지금까지 들어본 적도, 실제로 느껴본 적도 없었던 감정이었기 때문이다. 게다가 파트너가 다른 사람을 사랑하는 걸 보면서 행복을 느끼는 내 모습은 상상조차 되지 않는다. 이미 내게 스며진 "파트너는 독점할 수 있다"라는 모노가미적 사고방식 때문인지도 모른다. 그렇다면 파트너를 독점하지 않는 폴리아모리 사회에서는 '파트너가 되는 것', '소유하는 것', '사랑하는 것'을 어떻게 생각할까.

속박하지 않는 사랑의 형태

모노가미 사회와 폴리아모리 사회를 비교할 때 두드러지는 점은 '파트너가 되는 것'과 '소유하는 것'에 대한 생각 차이이다. 모노가미 사회는 파트너를 독점하는 것이 가능하고 결혼이 그 권리를 확실하게 보장해준다고 여긴다. 서로를 속박하는 커플이나 부부가 흔한 이유다. 내 친구 중에는 매일 밤 서로의 휴대전화와 컴퓨터를 확인해서 이성과의 접촉을 철저히 관리하는 부부도 있다. 좀 지나친 구속 같지만 친구들은 '사랑'이라고 말한다. 하지만 구속을 전제하지 않는 사랑의 방식도 있다. 바로 폴리아모리가 목표로 하는 사랑의 형태다.

이상적인 관계

> 함께 있되 거리를 두세요.
> 하늘과 바람이 당신들 사이에서 춤추게 하세요.
> 서로 사랑하세요.
> 그러나 사랑으로 구속하지는 말아요.
> (…)

함께 서 있어요.
그러나 너무 가깝게 서 있지는 마세요.
사원의 기둥들도 서로 떨어져 있고 참나무와 삼나무는 상대의 그늘 속에서는 자랄 수 없잖아요.

폴리아모리스트 친구가 알려준 지브란의 이 시는 폴리아모리스트가 목표로 하는 자아와 이상적 관계를 보여준다. 사원의 기둥이 서로 너무 가까우면 사원은 무너지고 만다. 나무가 상대의 그늘에서 성장할 수 없다는 마지막 구절은 속박으로 서로의 자아를 방해하는 상태를 떠올리게 한다. 이 시는 탄트라 관련 문헌에서 자주 인용된다.

탄트라의 가르침

탄트라는 사상과 철학이 아니다. 또한 종교적 깨달음을 찾지도 않는다. 탄트라는 '자아에 눈을 뜨는' 현실적인 방법이며 체계다. 현장조사 에세이3(5장 참조)에서 언급한 것처럼 '길을 넓히는 방법'으로도 불린다. 조사 진행 과정에서 폴리아모리 정신이 탄트라에 깊이 연루되어 있다는 사실을 깨달았다. 물론 모든 폴리아모리스트가 탄트라에 관심을 가지는 건 아니다. 그러나 많은 매뉴얼 북에서 탄트라를 언급하고 있고 폴리아모리 선구자 중 여러 명이 탄트라에 심취해 있었다. 이런 점들을 감안하면 탄트라 정신은 폴리아모리스트들 사이에 어떤 방식으로든 스며들었으리라 생각된다. 탄트라는 '머리로만 이해하지 말고 실천하자'라며 행동을 강조한다. 탄트라는 이성에 기초한 윤리적 사고는 한계가 있다고 보고, 신체를 활용해 얻을 수 있는 경험을 강조한다. 그래서 그들은 요가를 실천한다. 명상을 통해 본원적인 자아를 탐구하는 것이다. 몇몇 폴리아모리스트들이 질투 같은 감정이 생길 때 요가를 즐기는 까닭이기도 하다. 몸을 이용해 지금 내면에서 생성되는 감정들을 감각하고 수용할 수 있다고 믿기 때문이다. 탄트라는 이런 종류의 실천들이 감정에 휩쓸리지 않고 현실을 직시할 때 도움이 된다고 주장하고, 여러 폴리아모리 매뉴얼 북 역시 커플 혹은 집단 요가를 권한다. 폴리아모리 탄트라 워크숍에 가보면 파트너와 함께 참여한 사람이 많다. 어떤 탄트라 워크숍에는 그저 뒤틀린 관계를 회복할 목적이 아닌, 자신을 내려놓고 진정한 사랑을 키워나갈 목표를 지닌 사람들만 참여하기도 한다. 여기서 말하는 진정한 사랑은 폭넓은 함의를 갖는다. '스스로에 대한 집착'을 버렸을 때 경험할 수 있는 사랑의 감정은 풍요로울 것이다. 자신에 대한 집착은 타자에 대한 집착과 연결되어 있다. 왜냐하면 타자에 대한 집착—어떤 사람을 소유하고 싶은 욕망, 상대가 자신만을 위해 존재하길 바라는 욕망—은 자신을 중심으로 세상을 볼 때 생기는 것이기 때문이다. 인도 종교 연구자 마츠나가 유스케는 '자기중심적인 세계관을 우주 중심의 시점으로 전환하는 것'을 탄트라의 가르침으로 정의한다.

사랑은 소유가 아니다

연인이 되는 것과 소유하는 것은 같은 뜻이 아니야, 소유와 사랑은 다른 말이야, 그리고 원래부터 사랑은 소유가 아니야. 폴리아모리스트는 반복해서 강조한다. 그들의 주장을 들을 때면 에리히 프롬이 떠오른다. 그는 인간의 존재 양식을 두 가지로 제시하고 그 차이를 분석한 바 있다. 『소유냐 존재냐』에서 사랑과 소유에 대해 말하는 대목을 보자. "소유하는 사랑은 사랑하는 대상을 구속하고 감금하고 지배하는 것을 뜻한다. 이는 사랑의 대상을 압박하고 약하게 만들고 질식시켜서 죽이는 것으로 생명을 주지 않는다." 그리고 사랑을 소유하는 것이 가능하다는 인식 때문에 사랑이 멈춘다고 덧붙인다. 폴리아모리스트는 자기/타자에 대한 집착을 부정하고 서로 소유하지 않는 사랑을 이상으로 상정한다. 물론 질투를 완전히 배제하는 건 아니다. 질투에 대한 폴리아모리스트의 기본 자세는, 원래 사랑은 고통과 슬픔임을 인정하고 질투 역시 불가피하다는 점을 인식함으로써 고통스러운 현실을 수용하자는 것이다. 그러므로 폴리아모리스트에게 질투는 자연스러운 감정이자 활용해야만 하는 무엇이다. 게다가 폴리아모리는 질투가 승화되면 컴퍼션으로 전환될 수 있다고 여긴다. 이 부분이 모노가미의 질투와 폴리아모리 질투의 결정적 차이다.

7

메타모어-
사랑하는 사람을 공유하다

존재는 '서로-함께-있음'으로밖에 존재하지 않으며, '단수적이고 복수적인' 함께-실존은 '함께-있음'으로 순환된다.

–장 뤽 낭시*

여러 사람을 동시에 사랑하는 폴리아모리 실천은 사랑하는 사람을 누군가와 공유한다는 뜻이기도 하다. 폴리아모리 세계에서는 내 연인이 사랑하는 존재를 '메타모어metamour'라 부른다. 즉 메타모어는 연인을 공유하는 상대방을 뜻한다. 7장에서는 메타모어 관계에 초점을 맞추고 사랑하는 사람을 공유하는 폴리아모리 세계를 살펴본다. 사례부터 보자.

사례1 내가 모르는 세계

헬레나와 잭은 춤을 추고 있었다. 두 사람은 자신들만의 세계에 도취한 것 같다. 헬레나에게는 잭과 비트라는 두 명의 남자친구가 있고 셋은 함께 살고 있다. 그들과 나는 웨스트 할리우드의 이탈리안 레스토랑에 앉았다. 보름달을 기념하는 라이브 밴드의 연주가 있던 날. 새로운 곡이 흘러나오자 내 옆에 앉아 있던 비트가 일

* 장 뤽 낭시(Jean Luc Nancy, 1940~): 프랑스 스트라스부르 대학교 철학과에서 철학 · 미학 담당 교수를 역임했다. 독일 낭만주의, 헤겔, 니체, 하이데거의 철학과 라캉의 사상을 재해석하며 정치철학과 미학, 예술이론 분야에서 독창적인 사유를 전개했다. 특히 교조주의적 맑스주의의 몰락 이후에 가능한 공산주의와 공동체를 모색한다.

어선다. 비트는 헬레나와 잭이 춤추던 곳으로 다가간다. 나는 세 명 사이에서 어떤 일이 터질지 초조하게 지켜봤다. 그 순간 비트가 헬레나에게 고개를 숙이면서 손을 내밀었다. 함께 춤을 추자는 제스처. 이때 그의 손을 잡은 것은 잭이었다. 비트는 찡그리며 "너 말고"라고 핀잔을 줬지만, 잭은 '내가 네 파트너야'라고 말하는 듯한 익살맞은 몸짓으로 답했다. 그는 삼각관계에 수반되는 질투를 웃음으로 승화시켜버린 것이다. 헬레나는 어느새 내 곁에 와 있었다. 그녀는 "재들은 항상 이런 식이야, 바보 같지?"라고 내게 웃으며 말한다. 이제 익숙하다는 듯한 그녀의 표정 역시 행복해 보였다. 분명 저 세 사람은 내가 모르는 세계를 사는 거겠지.

당신에게 메타모어란

사례1에서 등장한 비트와 잭은 서로를 소중한 친구로 여긴다. 매뉴얼 북과 워크숍에서는 메타모어와 좋은 관계를 형성하라고 안내한다. "당신에게 메타모어란?"이라고 물으면 "별로 관심 없다"라고 답하는 사람도 있지만 "반드시 필요한 존재"라고 반기는 이들도 있다. 메타모어와 일면식도 없는 사람이 있는가 하면, 이미 오랫동안 함께 살고 있는 사람도 많다. 메타모어와 실제로 만나본 폴리아모리스트는 그들을 어떻게 생각할까. 얼굴만 아는 지인 정도? 아니면 친한 친구, 형제, 가족 같은 소중한 사람으로? 이 질문에 "메타모어는 친척과도 같아"라고 답한 한 50대 남성이 있다. "아내에게 남자친구가 한 명 있고, 내 여자친구에게는 남편이 있으니까 내게는 메타모어가 두 명인 셈이야. 우리는 같이 살지는 않아도 일이 있을 땐 다들 모여. 아내의 연인은 아내를 통해 나와 이어져 있고 내 연인의 남편은 그녀를 통해 나와 이어져 있어. 이렇게 사랑하는 사람을 매개로 연결된 관계는, 결혼 후에 내가 아내의 친족들과 이어지는 것과 같다고 생각해. 메타모어라고 해서 꼭 서로 사이가 좋은 건 아냐. 하지만 그건 친척 관계에서도 마찬가지니까." 반면 동거 중이거나 교류가 잦은 메타모어들은 서로를 형제나 가족처럼 여긴다고 답하는 경우가 많았다. 그들 중에는 내가 상상도 못할 비유로 메타모어의 관계를 설명하는 사람도 있었는데 부모와 자식 사이 같은 비유가 바로 그것이다. 파트너를 공유하는 사람과 자신이 부모와 자식 관계라고? 나는 기함했지만 한 폴리아모리스트는 차분히 설명했다. "부모는 자식이 도움을 필요로 할 때, 바로 손을 내밀어줄 수 있는 가까운 곳에 있으면서도 한 발짝 뒤에 물러서서 자립의 공간을 만들어 주잖아. 나와 메타모어 사이도 마찬가지야." 메타모어 상호 친밀도는 폴리아모리 관계의 성격에 따라 다양하다. 메타모어들이 서로 잘 지내는 게 이상적이라고 하지만, '마음이 편할 만큼의 적당한 거리를 유지하는 게 더 중요하다'는 의견도 많았다.

메타모어와 친해지는 계기

메타모어들은 서로 어떻게 가까워질까? 대개는 함께 시간을 보내면서 자연스레 친구가 된다. 다음의 사례를 보자. 연애 상담을 하다가 신뢰가 싹튼 경우다.

사례2 상담 후 생긴 신뢰 관계

디에고(남성, 50대)와 팀(남성, 40대)은 모두 안드레아(여성, 40대)의 연인이다. 디에고는 성격이 차분하고 상대가 먼저 다가와야 말문을 트는 스타일이다. 안드레아와 15년째 동거 중이다. 한편 팀은 뛰어난 사교성을 자랑하며 어딜 가든 존재감이 두드러진다. 안드레아와 교제한 지 7년이 됐다. 팀과 디에고는 홈파티 등에서 마주친 적은 있어도 깊은 교류는 없었다. 그러나 4년 전, 갑자기 등장한 새로운 남성 C가 모든 상황을 바꿔버렸다. 안드레아는 두 사람에게 C와의 교제에 대해 미리 양해를 구했었다. 그런데 얼마 후 팀은 폴리아모리스트 친구에게 C에 대한 나쁜 소문을 듣게 됐다. C가 섹스를 목적으로 여러 사람에게 헌팅을 하는 폴리아모리스트라는 소문이었다. 팀은 안드레아를 위해 용기를 내서 디에고에게 이 문제를 의논했다. 자기뿐 아니라 디에고에게도 중요하다고 판단했기 때문이다. 결국 디에고와 팀은 안드레아에게 C를 둘러싼 풍문에 대해 이야기했다. "그때 나눈 대화가 우리 관계를 돈독하게 했어"라고 디에고는 말한다. 이 사례를 보면 메타모어들이 서로를 의식하며 살아간다는 점을 알 수 있다. 현재 디에고와 팀은 상대방을 없어서는 안 되는 존재로 여긴다. 팀과 디에고처럼 연인이 직면한 문제를 메타모어에게 털어놓는 경우가 꽤 많다. 이런 사례는 연인을 매개로 서로가 일상적으로 연결돼 있었기 때문에 가능한 것이다. 팀이 디에고와 의논할 수 있었던 것은 "디에고가 나처럼 안드레아를 사랑한다면 마찬가지로 안드레아를 걱정하겠지"라고 생각했기 때문이다.

변화하는 메타모어 관계

사례2는 메타모어들의 관계가 긍정적으로 발전한 경우지만 반대의 경우 역시 적지 않다. 아래는 자매같이 가깝게 지내던 메타모어들이 라이벌이 돼버린 사례다.

사례3 결혼 때문에 깨져버린 우애

카라(여성, 20대)와 니키(여성, 30대)는 에릭(남성, 30대)을 사랑한다. 세 명은 함께 살고 있었다. 니키는 30대 중반이다. 그녀는 몇 년 동안 부모에게 빨리 결혼하라는 압박을 받으며 괴로워했다. 그런 모습을 보다 못한 카라는 니키에게 에릭과 결혼할 것을 권유한다. 카라는 반년 전의 심경을 토로했다. "나는 니키보다 젊고 우리 부모님은 결혼 문제에 간섭하지 않는 편이야. 그리고 지난 4년 동안 우리 셋은 너무나 잘 지내왔고. 나와 니키는 자매 같은 사이가 됐어. 친언니보다 사이가 좋았을 정도야. 그래서 두 사람이 결혼한다 해도 우리 세 사람의 관계가 흔들릴 거라곤 짐작도 못 했어." 그러나 니키와 에릭이 법적 부부가 되자마자 균형이 무너지기 시작했다. "니키는 부모님에게 나를 룸메이트로 소개했어. 나는 나대로 주의를 기울였지. 가령 니키의 부모님이 집에 오실 때는 되도록 외출을 한다던가. 그런데 결혼하고 3개월 정도 지나자, 니키는 자기 친구가 놀러 올 때도 내가 나가주길 바라는 거야. 마치 당연한 것처럼. 시간이 갈수록 니키는 에릭을 독점했어. 그래서 나는 내게도 에릭과 보낼 둘만의 시간이 필요하다고 얘기했지." 이 이야기를 들은 건 카라가 그 집을 나온 지 두 달쯤 지났을 즈음이었다. 그녀는 매주 세 번 에릭과 만났지만 니키와는 최소한의 연락만 하고 지낸다고 말했다. 카라는 "예전이 좋았었어"라고 읊조리며 꼬여버린 현재 상황에 대해 고민하고 있었다. 결혼이 도화선이 돼 세 사람의 균형이 깨져버렸다. 니키가 에릭을 독점한다고 느낀 순간부터 카라는 자신도 에릭을 독차지하고 싶어졌다. 니키의 욕망을 따라간 것이다. 연인을 독점하고 싶어지는 순간 메타모어의 존재는 조력자가 아닌 방해물로 전락한다. 이

때 메타모어는 자신을 위협하는 라이벌일 뿐이다. 마치 모노가미 사회에서의 전형적인 삼각관계처럼.

존재를 지탱해주는 사람

아무리 메타모어가 불편해도 사랑하는 사람을 매개로 필연적으로 연결된다. 연인과 데이트할 수 있는 날을 결정할 때도 메타모어는 중요한 변수다. 연인과 메타모어가 언제 만나는지에 따라 나의 데이트가 결정되기 때문이다. 또한 결혼 및 출산 타이밍을 결정할 때 메타모어를 고려해야 하는 경우도 있다. 폴리아모리를 실천하는 한 메타모어와 무조건 얽히게 된다. 폴리아모리 사회에서 연인과 나의 관계는 메타모어로 인해 성립된다고 할 수도 있다. 메타모어 관련 인터뷰를 해보면, 많은 폴리아모리스트들이 폴리아모리를 실천하는 동지로서 메타모어를 존중한다는 사실을 알 수 있다. 여기에는 다음과 같은 논리가 작동한다. '자신은 행복하다. 그러므로 현재에 감사한다. 이 현재를 함께 만들어가는 메타모어도 존중한다.' 한 남성은 "나와 메타모어는 우정을 나누는 사이는 아니지만 항상 그에게 감사해"라고 말했다.

"내가 사랑하는 사람에게 영향을 끼치는 사람이니까"라는 것에 집중한다. 모노가미 사회에서는 파트너의 옛 연인을 질투하거나 미워하는 것이 일상적이다. 그러나 폴리아모리적 사고로 생각하면 연인을 사랑했고 함께했다는 사실만으로도 파트너의 전 연인은 존중할 가치가 있는 존재다. 파트너의 전 연인은 현재 자신이 사랑하고 있는 사람에게 영향을 미치며 기쁨을 준 사람이기 때문이다.

현장조사 에세이 4 유사 메타모어 체험

일요일의 약속. 로스앤젤레스에서 흔치 않게도 많은 비가 쏟아진다. 글렌의 집에 들어선 건 오후 다섯 시를 조금 넘겨서였다. 에마는 아직 도착하지 않았다. 오늘은 글렌의 여자친구 에마와 처음 만나는 날이다. 이번 인터뷰는 그간 진행했던 파트너 동반 인터뷰와는 약간 다르다. 지난주 글렌이 "에마에게 너를 소개해주고 싶어."라고 말했다. 언젠가는 그녀와 만나고 싶다고 생각하던 나는 반색했다. 그런데 알고 보니, 나는 예전부터 에마에게 눈에 거슬리는 사람이었다고 한다. 결국 이 인터뷰는 그녀의 오해를 풀기 위해 기획된 것이었다. "최근 우리가 정기적으로 만나고 있잖아. 에마는 모든 일을 부정적으로 생각하는 경향이 있어. 그녀는 쉽게 질투해." 물론 나와 글렌은 연인이 아니다. 하지만 당시 우리는 잦으면 주 2회, 적어도 열흘에 한 번은 만났다. 나와 글렌의 일정은 글렌과 에마가 만나는 날을 고려해서 정해졌다. 아마 에마와 글렌의 데이트도 나와 글렌이 만나는 일정에 영향을 받았으리라. 어떤 의미에서 보면 나는 에마와 글렌을 공유했던 셈이다. 글렌은 에마가 나에 대해 자주 묻는다고 했다. 글렌이 홍차를 따르고 있을 때 에마에게서 연락이 왔다. 조금 늦을 것 같다는 얘기인 듯하다. 분명 비 때문이겠지. 로스앤젤레스는 비가 내리면 그 즉시 고속도로 정체가 시작된다. 다들 우천 중 운전에 익숙하지 않은 바람에 사고가 생기거나 속도를 늦추기 때문이다. "너와 통화하고 싶대." 글렌이 휴대전화를 건네준다. 나는 속으로 에마가 나와 통화하고 싶다고 말했을 리 없다고 생각했다. 글렌이 "기쿠에는 이미 도착해 있어. 잠깐 통화해볼래?"라고 말하는 것을 얼핏 들었기 때문이다. 에마는 글렌의 제안에 그저 "어…어…" 하며 어정쩡하게 대답했던 게 분명하다. "에마예요. 미안해. 차가 막혀서 조금 더 걸릴 거 같아." "괜잖아요. 당신과의 만남을 기대하고 있어요." "나도. 그럼 이따 봐." 30분 정도 지나자 에마가 도착했다. 긴 머리에 날씬한 여성. 체형에 신경 쓰는 성격이라고 글렌에게 들었다. 나는 그녀의 취미가 마라톤이고 식후 열다섯 종류의 영양 보충제를 먹는다는 사실도 이미 알고 있었다. 우리는 레스토랑으로 가 저녁을 먹으며 대화를 나눴다. "너에 대해서 자주 듣고 있어." 쌀쌀하지도, 그렇다고 친근하지도 않은 어조였다. "저도요." 내 머리는 그녀에게 밉보여선 안 된다는 생각으로 바쁘게 돌아갔다. 여지껏 쌓아온 글렌과의 좋은 관계를 앞으로도 유지하고 싶었다. "저 사람에게 의지하게 되죠?" 에마가 말했다. 그 말 그대로다. 나는 항상 글렌에게 의지하고 있었다. "네, 항상 도움을 받고 있어요."라고 대답했다. "나도"라고 대꾸하며 에마가 웃었고 글렌도 미소지었다. 그날은 주로 나와 에마가 대화를 주도했고 글렌은 옆에서 한 마디씩 거드는 정도였다. 그 이후에도 나는 글렌의 휴대전화로 에마와 짧게 대화를 나누곤 했다. 글렌과 만나고 있을 때 에마로부터 연락이 왔을 때다. 으레 그들의 통화에서 마지막 손님은 나였다. "에마니까 받아 봐." 글렌의 한 마디. 거절할 틈도 없이 "예, 예"라고 대응하며 전화를 받았다. 한 달

정도가 지나자 나와 에마는 전화를 통해 이어진 기묘한 사이로 발전했다. 에마와의 통화가 잦아지면서 나는 그녀가 인터넷 쇼핑으로 물건을 사는 걸 좋아하고, 하는 일이 잘 풀리고 있다는 등 그녀의 사소한 일상까지도 알 수 있었다. 그리고 언젠가부터 세 명이 함께 외식을 하는 관계로 발전했다. 어느 날, 차 안에서 글렌이 갑자기 "네 덕분에 에마와의 사이가 더 좋아졌어. 에마는 변했어. 성장한 거야"라고 말했다. 그 이야기를 듣고 깜짝 놀랐던 게 떠오른다. 자세한 이유는 묻지 않았다. 하지만 혼잣말로 '다행이야'라고 안도했었다. 어쨌든 나는 그 둘의 소중한 시간에 함께하고 있었기 때문이다. 아마도 글렌이 전화를 통해서라도 나와 에마를 이어주려 했던 건 에마를 안심시키기 위한 그만의 배려였으리라.

폴리아모리스트가 갖는 메타모어와의 유대에 대해 "진심으로 사랑하지 않으니까 그 사람에게 좋아하는 사람이 생겨도 아무렇지 않은 거야"라고 말하는 사람도 있다. 이런 주장에 대해 폴리아모리스트는 "진심으로 사랑하니까 그 사람이 좋아하는 사람도 받아들일 수 있는 거야"라고 반론한다. 폴리아모리스트의 이런 주장과 진의를 제대로 이해하지 않는 사람들은 폴리아모리스트들을 그저 마음이 넓은 사람이라고 오해한다. 하지만 사실은 다르다. 폴리아모리스트들이 관용적이거나 연인에 대한 사랑이 약해서 메타모어를 인정하고 수용하는 것이 아니다. 조사 과정에서 나는 폴리아모리 세계에서 사람들이 서로를 배려하려 노력하는 모습을 자주 볼 수 있었다. 그들의 배려는 오히려 그들의 복잡한 생각과 상황을 방증한다. 이런 맥락을 잘 알지도 못하면서 "진심으로 사랑하지 않기 때문에 그 사람이 다른 사람을 좋아해도 아무렇지 않은 거야"라고 말하며 그들의 관계를 재단하는 것은 폴리아모리스트들에게 가하는 일종의 폭력일 수도 있다. 고백하자면, 나 역시 연인을 공유하는 것이 어떤 건지 여전히 잘 모르겠다. 다만 메타모어 관계가 기묘하고 신기하다는 느낌은 지금까지도 여전하다. 조금은 부러워지기도 했고.

8

성

신뢰는 타인의 감정 및 영향력과 연결된다. 낙하산을 건네기 위해 자신을 뒤따라 낙하하는 동료에게 스카이다이버가 보내는 신뢰감에는 어딘가 성적인 면이 있다.

-알폰소 링기스*

성 혁명의 역설과 폴리아모리 윤리

폴리아모리는 섹스를 긍정하지만 쾌락에 집중하는 프리섹스주의와는 다르다. 폴리아모리가 1960~70년대의 성 혁명과 차이를 보이는 지점이다. 2장에서 살펴본 미국 성 혁명의 역사를 떠올리며 다음의 내용을 보자. 라이히는 성 혁명에 큰 영향을 끼친 인물 중 한 명이다. 그는 프로이트의 제자며 마르크스 사상에 심취했다. 라이히는 성 해방이 인간 해방으로 이어진다고 주장했다. 이 급진적인 사상은 히피들로부터 뜨거운 지지를 받았으며 성 혁명이라는 미증유의 사건으로 나아갔다. 라이히가 제창한 '인간해방론'을 간단하게 살펴보자. '우리는 욕망을 가진 존재다. 동시에 우리가 사는 사회에는 금기, 즉 억압이 작동한다.' 이 모순을 극복하기 위해서는 억압을 제거해야 한다. 이 공식은 케이트 밀레트**의 『성

* 알폰소 링기스(Alphonso Lingis, 1933~): 미국 펜실베니아주립대학교 철학과 명예교수. 미국의 대표적인 철학자이자 작가 겸 번역자. 메를로 퐁티와 사르트르에 관한 연구로 철학박사학위 취득. 1980년대 중반 무렵부터 경험과 이론을 종합하는 철학 연구에 집중하고 있다.

** 케이트 밀레트(Kate Millett, 1934~2017): 페미니즘 이론가이자 여성운동가. 『성의 정치학』을 통해 많은 문학 고전들이 여성을 모욕하고 공격하기 위해 섹스를 이용한다고 주장하며 문학 속에 내재된 가부장주의를 비판했다.

의 정치학』에서 다시 한 번 강조됐다. 성 혁명은 성에 대한 사회적 억압과 터부를 거부한다. 특히 부권제적 단혼을 위협한다는 이유로 금기시된 동성애, 사생아, 10대의 성, 혼전 및 혼외 성의 자유를 제창했다. 그러나 성 혁명에는 함정이 있다. 가령 푸코는 성 혁명에는 자유 실천이라는 문제가 생략됐다고 보았다. 즉 자유를 어디까지 실천할 수 있느냐는 주체의 윤리적 물음이 여전히 필요하다는 것이다. 푸코가 지적한 윤리성이야말로 폴리아모리의 중요한 과제다. 폴리아모리는 사회가 금기시하는 억압 속에서 어떻게 하면 다수의 사람과 성적인 관계를 맺는 것이 가능한지를 진지하게 고민한다. 이 점에서 폴리아모리와 성 혁명은 분명하게 구별된다.

배려하는 섹스라이프

폴리아모리가 성에 관해 윤리적으로 고민한다 한들, 이들에 대한 세간의 시선은 싸늘하다. 미시간대학은 '합의된 논-모노가미'에 대한 일반인의 의식을 조사했다. 연구 결과를 보면, 일반인들은 논-모노가미에 대해 '성적 위험에 상시적으로 노출돼 있는 사람들, 윤리의식이 결여된 사람들'이라는 고정관념을 갖고 있었다. 여기서 눈여겨봐야 할 것은, 모노가미 사회에서 몰래 여러 사람과 섹스하는 사람들이 노출된 성적 위험도가 폴리아모리스트들의 그것보다 더 높다는 점이다. 합의로 논-모노가미 관계를 맺는 사람들은 콘돔 사용률이 높고 성병 감염 여부에 더 주의를 기울이기 때문이다. 폴리아모리스트의 콘돔 사용률은 약 80% 정도로, 높은 편이다. 폴리아모리스트는 모노가미 사회에서 살아가는 부부나 커플이 성병 검사에 대해 서로 상의하는 경우보다 더 적극적으로 성과 관련한 제반 문제에 대해 파트너와 의논하기를 원한다. 그럼에도 불구하고 성과 얽힌 여러 일들은 말 꺼내기가 쉽지 않다. 〈그림1〉과 〈그림2〉를 보자. 많은 사람들이 콘돔 사용과 성병 위험에 대해 의논하는 것은 크게 어렵지 않다고 답했다. 하지만 모임에서 만난 폴리아모리스트는 다음과 같은 고민에 빠져 있었다.

〈그림1〉
연인과 콘돔 착용에 대해
논의하는 경우

〈그림2〉
연인과 성병(STI)
리스크에 대해 논의하는 경우

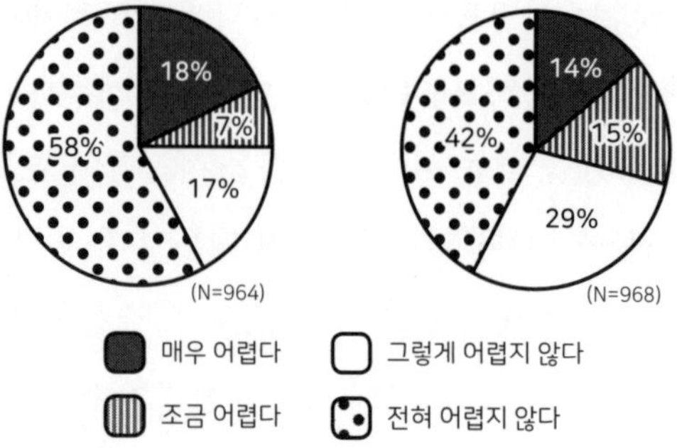

사례1 **성병 검사부터?**

"나는 오픈 매리지를 실천한 지 7년째예요. 남편과 남자친구 한 명이 있어요. 남자친구와는 최근 교제하기 시작했고요. 얼마 전 남편에게 이 사실을 말하자 그와 사귀는 건 괜찮지만 먼저 성병 검사를 요구하더군요. 하지만 아무리 사이가 좋아도 교제 전부터 그런 말을 하기는 어려워요……." 이런 그녀의 고민에 대해, 모임에 참여한 대부분의 사람은 "그런 말을 꺼내기 어려운 건 알지만 교제하고 싶다면 그 문제는 확실하게 짚어둬야 하는 거야"라는 의견을 냈다. "그런 중요한 문제를 말하지 못하는 관계라면 사귄다 해도 문제가 될 거야"라는 발언도 나왔다. 한 달 후 다시 모임에 나타난 그녀에게 어떻게 됐는지 물어봤다. "내가 먼저 그에게 사귀고 싶다고 말했어요. 그때 남편의 생각도 함께 전했죠. 그러자 그도 저와 교제하고 싶다며 성병 검사를 받겠다고 하더군요." 섹스는 쾌락 행위인 동시에 내 몸을 아끼는 것일 뿐만 아니라 파트너에 대한 배려 행위이기도 하다. 섹스 문제를 다루는 폴리아모리의 독특한 방안이 눈에 띈다. 그들은 연인의 질투와 불안을 줄이기 위해 쓰리썸을 즐기기도 하는데, 한 폴리아모리 상담사는 이런 시도에 대해 '자신과 연인 모두를 배려하며 안전하게 섹스하려는 자세가 돋보인다'며 긍정적으로 평하기도 한다. 다음으로 폴리아모리 대안 커뮤니티 사례들을 통해 폴리아모리 성을 고찰해보자. 바로 스와핑, BDSM, 탄트라다.

폴리아모리와 스와핑은 다르다!

폴리아모리스트는 스와핑을 즐기는 사람들과 자신들이 다르다고 강조한다. 1장에서 언급했듯이, 스와핑은 일시적인 육체적 쾌락 관계를 추구하지만 폴리아모리는 감정적으로 깊게 관여하는 장기적인 유대 관계에 관심을 가진다. 인터뷰 중 왜 스와핑에 흥미가 없냐고 물으면 "섹스만 하는 관계는 필요없어", "누구라도 좋다는 것은 아니야", "사랑하는 사람과만 섹스하고 싶어", "모르는 사람과의 섹스는 무서워" 등의 답이 돌아왔다. 폴리아모리 조사에 따르면 지금까지 섹스 파티에 한 번이라도 참가한 적이 있었던 폴리아모리스트는 남성 30%, 여성 22%였다. 섹스 파티에 참여했던 폴리아모리스트 대부분은 "내가 추구하던 것과는 달랐어", "그 순간에만 즐기는 섹스는 너무 공허해" 등의 부정적인 평가를 내렸다. 여기서 폴리아모리스트가 되기 전 딱 한 번 스와핑 파티에 참가했었던 마이크의 이야기를 소개한다.

사례2 마이크와 지나의 성 모험

마이크가 동갑내기 지나와 결혼한 지 4년째 됐을 때, 둘은 스물여덟 살이었다. 당시 그들의 주변에는 이미 첫 이혼을 경험한 지인이 대부분이었다. 그러나 마이크와 지나의 사이는 여전히 좋았고 이혼은커녕 시간이 갈수록 유대는 더 강해졌다. 둘은 어떤 이야기도 나눴고 성

생활에도 만족했다. 어느 날이었다. 호기심 왕성한 지나가 "우리라면 여러 일을 함께 탐구할 수 있다고 생각해"라고 말하며 스와핑 클럽에 가보자고 제안했다. 지나는 둘의 관계가 쉽게 무너지지 않으리라 강하게 믿었고, 마이크 역시 마찬가지였으므로 그녀의 자극적인 제안에 동의하고 말았다. 스와핑 클럽에 도착하자마자 느낌이 썩 괜찮은 부부가 말을 걸어왔다. 먼저 제안을 받은 지나는 "이따 봐"라는 인사를 건네며 마이크를 떠났다. 곧 마이크도 남겨진 여성과 함께 별실로 들어갔다. 두 사람은 서로 다른 사람과 섹스했다. 여기까지는 마이크가 상상한 그대로였다. 얼마 후 마이크는 큰 방에서 지나와 재회했다. 마이크는 가라앉은 지나의 안색을 바로 알아차렸다. 지나는 항상 아주 사소한 일까지도 마이크와 공유하고 싶어했다. 하지만 그날 지나는 말이 없었고 행동 역시 어색했다. 마이크와 지나 그리고 그들을 초대한 부부를 포함한 네 사람은 소파에 앉아 잠시 세상 돌아가는 이야기를 하고서 바로 헤어졌다. 예의상 두 사람의 연락처를 물어봤지만, 그들은 거절했다. 여기로 오면 다시 만날 수 있다는 한 마디와 함께. 마이크와 지나는 꺼림칙한 기분으로 그곳을 떠났다.

돌아오는 차 안에서 한동안 침묵이 이어졌다. 한참 뒤에 지나가 내뱉은 말은 "우리, 잘못된 일을 저질렀는지도 몰라"였다. 지나는 울면서 자책하기 시작했다. 마이크는 지나와의 관계가 달라질 것만 같은 나쁜 예감에 휩싸였다. 마이크의 예감은 여지없이 적중했다. 두 사람은 여전히 함께 지냈지만 전에 없던 서먹함을 걷어낼 수는 없었다. 반년 후 지나는 이혼을 제안했고 두 사람의 결혼 생활은 막을 내렸다. 마이크와 지나의 성 모험이 불러온 파경이었다. 옛이야기를 끝낸 마이크는 "그때는 둘 다 젊었고 무엇이든 시도해보지 않으면 직성이 풀리지 않았어. 우리는 마음의 준비도 제대로 하지 않은 채 모험을 해버린 거야. 실제로 겪어보고 나서야 비로소 내가 원했던 세계가 아니었다는 사실을 깨달았던 거지" 하고는 쓴웃음을 지었다. 스와핑과 폴리아모리 모두 여러 명과 성애 관계를 맺는 '논-모노가미'의 범주에 속하지만, 추구하는 지점과 성애관에서 뚜렷한 차이를 보인다.

폴리아모리와 BDSM의 복잡한 관계

BDSM은 결박Bondage, 훈육Discipline, 사디즘Sadism, 마조히즘

Masochism을 아우르는 성적 행위를 뜻한다. DS(지배Dominance와 복종Submission)관계라고도 한다. 러빙 모어의 폴리아모리 조사에 따르면 폴리아모리스트이면서 동시에 BDSM 실천자인 사람의 비중은 약 30%다. BDSM 폴리아모리에 관해 살펴보자.

현장조사 에세이 5 BDSM 폴리아모리

글렌의 방에 도착하자마자 에마는 침실로 가서 검은색 박스를 가지고 온다. 그리고 글렌에게 그 박스를 전달한 다음 왼쪽 다리를 내민다. 글렌은 박스 안에서 은색 방울이 달린 검은 가죽끈 액세서리를 꺼내 정성스럽게 에마의 발목에 둘러 감는다. 작업이 끝나면 글렌은 에마의 뺨을 두 손으로 감싸며 눈을 감고 천천히 7, 8초 정도 그녀의 이마에 키스한다. 마치 에마의 머릿속에 자신의 숨결을 불어넣는 것처럼. 여기까지가 두 사람만의 의식이다. 방울이 달린 발찌는 에마가 글렌의 노예라는 것을 상징한다. 에마가 걸을 때마다 짤랑짤랑 방울소리가 울려 퍼진다. 폴리아모리 관련 책에 BDSM에 관한 언급이 얼마 되지 않아서 처음엔 BDSM과 폴리아모리의 관련성을 전혀 염두에 두지 않았는데, 폴리아모리 현장조사를 시작하고 나서야 BDSM의 세계를 알게 됐다. 로스앤젤레스의 폴리아모리스트들은 BDSM에도 단계가 있다고 했다. 글렌에게 “저 사람도 BDSM이야?”라고 물으면 “그녀도 BDSM을 하지만, 단지 섹스할 때만 하는 도미넌트야”라고 답했다. 섹스 때만 하는 사람들과 일상적으로 BDSM 의식을 유지하는 자신들은 다르다는 뉘앙스였다. 종속 관계지만 흔히들 생각하는 것처럼 폭군 같은 남편이 아내에게 “물 가져와!”라고 명령하는 권력 관계가 아니다. 그들은 상대방에 대한 배려와 신뢰를 기반으로 한 종속 관계를 유지하며 어떤 근원적인 관계를 만드는 과정을 즐기는 듯했다.

글렌은 “나는 에마의 행복을 지킬 책임이 있어”라고 말했다. 에마의 건강도 적극적으로 챙겼다. 에마가 감기에 걸렸을 때 나눈 둘의 대화. “머리가 아파. 감기에 걸린 것 같아.”, “에마 하루에 커피 몇 잔 정도 마시고 있어?”, “다섯 잔 정도.”, “숙면을 취해야지. 지금부터 사흘 동안은 한 잔만 마셔.”, “알겠어.” 에마에게 글렌은 주인이자 훌륭한 조언자다. 둘은 첫 만남 때 이미 상대가 BDSM에 관심이 있다는 것을 알고 있었다. 그들은 성적 기호와 관련한 다양한 질문을 공개한 OK큐피트라는 온라인 사이트를 통해 만났다. 에마에게 글렌을 주인으로 정한 이유를 물었다. 그녀는 "여러 이유가 있지만 아무래도 믿을 수 있다고 느껴서겠지."라고 답했다. 사귄 지 얼마 지나지 않았을 무렵, 에마는 자신의 오케스트라 연주회에 글렌을 초대했다. 리허설 한 시간 전에서야 에마는 바이올린을 집에 두고 온 것을 알아차렸다. 그녀는 우왕좌왕하며 글렌에게 전화를 걸어 사정을 설명했다. 바이올린을 가지러 갈 시간은 없었다. 그러나 글렌의 조언을 따라 그 위기를 모면할 수 있었다고 한다. 이 이야기를 들었을 때 나는 속으로는 꼭 글렌이 아니어도 대부분의 사람들이 비슷한 충고를 했을 거라 생각했다. 하지만 달리 생각해보면 그의 침착하고 다정한 목소리가 당황한 에마를 진정시켰을지도 모른다. 또 그의 차분한 어조가 효과적이었을 수도 있다. 여러 조건과 우연이 겹쳐서 에마는 글렌을 신뢰하게 됐고 자신의 주인으로 선택했다. 나는 가끔씩 그들과 함께 외출을 했다. 일상에서 나누는 그들의 대화에서는 둘의 주종관계가 잘 느껴지지 않았다. 글렌은 언제나 에마를 공주님처럼 대했다. 기념일 여부와 상관 없이 종종 꽃다발을 선물했고, 사람들 앞에서 에마를 최고의 여자라며 추켜세웠으며, 때론 제멋대로 치고 들어오는 에마의 요구들에 기꺼이 응해주었다. 주종관계를 설정한 다른 커플들의 상황도 비슷하다. 예를 들어 모건은 니콜의 주인이지만 옆에서 보면 그저 금실 좋은 부부 같다. 그는 니콜의 기분이 언짢은 아침에는 그녀가 좋아하는 식사를 만들어 침대까지 가져다 준다. 주인으로서 하는 주된 역할은 To Do 리스트를 작성해서 "이번 주 당신이 해야 하는 것은 이거야"라고 정해주는 것과 금전 관리다.

짝, 짝, 짝, 짝. 모건이 니콜의 큰 엉덩이를 채찍으로 때린다. 너의 구석구석을 다 꿰뚫고 있다고 말하는 것처럼. 그들은 로스앤젤레스의 한 BDSM클럽에서 퍼포먼스를 하는 중이다. 마른 채찍 소리는 클럽 음악을 뚫고 나올 정도로 날카롭다. 니콜이 환희의 소리를 높일수록 주변에서는 "더, 더", "나도, 나도"라는 환호로 들끓었다. 대부분 백인 관객이다. 5일 전, "주말에 니콜이랑 클럽에서 퍼포먼스를 하는데 와볼래?"라는 모건의 메일이 왔었다. 나는 혼자 가기에는 마음이 놓이지 않아 폴리아모리스트 친구인 알렉스에게 동행을 제안했다. 알렉스는 30대 초반의 폴리아모리스트이자 나의 스파 동료다. 나는 미국식 샤워를 도저히 견딜 수 없을 때는 시내의 스파로 향했다. 누디스트인 알렉스는 알몸인 채로 느긋하게 시간을 보낼 수 있다며 스파를 즐겨 찾았다. 나나 알렉스나 요금을 할인해주는 화요일에만 스파를 갔기 때문에 남녀 공용 휴게실에서 종종 부딪히며 자연스레 가까워졌다. 그날 알렉스의 답은 "OK. 시간 있어." 모건에게 "친구를 데려가고 싶은데 괜찮아?"라고 메일을 보냈다. 그러자 "어떤 친구?"라고 바로 답장이 왔다. "폴리아모리스트고 좋은 사람이야" 라고 회신하자 모건이 전화를 걸어 왔다. "폴리아모리스트 중에도 BDSM을 안 좋게 보는 사람도 있고, BDSM을 하더라도 폴리아모리를 나쁘게 생각하는 사람도 있어. 나에게는 니콜을 지킬 의무가 있어. 그 클럽은 우리가 안전하게 퍼포먼스 할 수 있는 유일한 장소야. 네 친구는…….", "알렉스는 괜찮아. 킨키(BDSM 실천자의 별칭)는 아니지만 저번 달에도 BDSM의 핼러윈 파티에 갔다 왔고.", "알겠어. 너를 믿어." 이렇게 나와 알렉스는 모건과 니콜의 퍼포먼스를 보게 됐다.

내가 본 BDSM 퍼포먼스는 극도로 육체적인 무언가였다. 하지만 모건은 BDSM이 마인드 플레이에 가까운 행위며 핵심은 '상호 신뢰'라고 강조했다. 이 사람이라면 내 욕망을, 깨끗한 부분과 더러운 부분, 약한 모습과 강한 척하고 싶은 모습을 전부 드러내도 괜찮다는 믿음.

BDSM 실천자가 아닌 나 역시 상대방을 향한 무한한 신뢰가 필요하다고 생각한다. 그러나 BDSM에서 강조되는 신뢰 관계가 특이한 점은 맡기는 쪽/맡김을 당하는 쪽이 명확하게 나눠지고 그에 따라 서로의 역할이 구분된다는 것이다. 극단적으로 비유하면, 자신의 삶을 주인에게 맡긴 노예와 노예의 삶을 책임지고 부리는 주인. 그야말로 관계 그 자체가 특수한 에로스를 포함하는 듯하다.

BDSM 폴리아모리의 경우 상황은 조금 더 복잡하다. 에마는 글렌을 포함해 4명과 사귀고 있다. 그녀는 자신의 교제 상대에 대해 주인인 글렌에게 조언을 구한다. 글렌 이외의 남자친구들은 BDSM에 흥미가 없다. 에마의 다른 남자친구들과 만났을 때, 나는 그들이 글렌에게 주의를 기울이는 것 같다고 느꼈다. 시간이 좀 지나 글렌에게 말하자 그는 "에마의 남자친구 중에서도 나는 특별하니까"라고 답했다. 글렌에게 에마와 결혼할 마음은 없는지 물어보니 "아니. 우리는 연인이기 전에 주인과 노예 관계니까"라고 한다. 그래서 "혹시 에마가 누군가와 결혼해서 폴리아모리를 관두면? 당신과의 관계를 끊으면?" 짓궂은 질문을 던져보니, 글렌은 순간 침묵하고는 "그건 좀 슬프네"라고 대답한 뒤 어떤 말도 덧붙이지 않았다.

귀국 10일 전. 오랜만에 에마, 글렌과 점심을 함께했다. 에마에게 근황을 물으니 새 남자친구 얘기를 시작했다. 어떤 사람이고 어떻게 알게 됐는지. 어떻게 메일을 주고받는지. 첫 번째 데이트는 어디서 무엇을 했는지. 나는 이미 글렌으로부터 전해 들은 뒤였다. 글렌의 말처럼 에마는 새로운 남자친구에게 흠뻑 빠져 있었다. 그에 대해 이것저것 이야기하며 자연스럽게 넘쳐 흐르는 미소. 지극한 사랑에 대해 얘기하는 여성은 나이와 상관없이 무척 매력적이라고 생각하며 에마를 응시했다. 글렌에게 눈을 돌리니 그는 미소 띤 채 에마를 지켜보고 있었다. 지금 글렌은 어떤 마음일까? 귀국 후에도 글렌과 연락을 한다. 내가 일본으로 돌아온 지 3년 정도 흐른 지금도 두 사람의 사이는 여전히 좋은 듯하다.

왜 BDSM 실천자이면서 동시에 폴리아모리를 실천하는 사람들이 생겨날까? 그 이유 중 하나는 BDSM 파트너와 라이프 파트너가 반드시 일치하지 않는다는 것이다. 앞의 현장 에세이에 등장한 에마와 글렌을 보자. 글렌에게 에마는 결혼 대상은 아니지만 삶에 필수적인 파트너다. BDSM 폴리아모리스트인 와그너는 자신의 블로그에 BDSM 실천자가 폴리아모리 관계를 잘 유지해 나가는 이유에 대해 다음과 같이 분석했다. BDSM 실천자는 자신이 원하는 것이 명확하며 자신의 역할을 잘 인식하고 있다. 또한 폴리아모리스트들은 폴리아모리 관계 중 발생할 수 있는 문제를 미리 예방하기 위해 자신의 위치를 잘 파악하려 한다. 그러므로 BDSM 실천자는 폴리아모리 실천에 필요한 자세를 애초부터 갖고 있다고 볼 수 있는 것이다. 하지만 현장조사 에세이에서 만난 모건의 우려를 잊지 말자. BDSM 실천자 중에서는 폴리아모리를 부정적으로 보는 사람도 있다. DS(SM)관계는 기본적으로 일대일 관계이기 때문에, 주인과 노예가 다수인 폴리아모리 BDSM 관계는 각자의 역할을 분명히 인식하기 어렵다는 것을 문제 삼는다. 자신의 노예에게 여러 명의 주인이 있다는 사실 혹은 그 반대의 경우 때문에 불안하거나 슬픔을 느낄 수 있다. 이것은 폴리아모리스트에게도 마찬가지다. 글렌은 자신의 노예인 에마에게 다른 연인들이 있는 것은 상관 없지만 다른 주인의 존재 여부는 떠올려보기도 싫다며 질색했다. 게다가 BDSM 폴리아모리스트의 심리는 질투 때문에 복잡하다. BDSM 실천자 중 대부분은 BDSM 행위 그 자체에 의미를 두는 경향이 있다. 그들은 자신의 파트너가 다른 누군가와 (섹스를 즐기는 것보다) BDSM 행위를 하는 그 자체를 참을 수 없어 한다. BDSM 행위는 오로지 나와 그 사람 사이에서만 가능하다고 여기기 때문이다. 특별한 관계에 타자가 침입하면 질투와 슬픔이 유발된다. 그래서 파트너와 함께 사용하는 도구를 다른 누군가가 쓰는 걸 질색하는 BDSM 실천자도 있다. 정서적 차원에서 BDSM과 폴리아모리의 관계는 복잡하지만 최근 BDSM 커뮤니티에서 폴리아모리 인지도가 높아지고 있다는 것은 사실이다.

성의 향유

6장에서 언급한 탄트라는 섹스를 긍정적으로 인식하는 수행이자 사상으로 알려져 있다. 탄트라는 성 에너지를 신성하게 여긴다. 탄트라가 성을 긍정적으로 인식하는 이유는 지금 이곳, 즉 현실을 중시하기 때문이다. 탄트라는 현재 자신의 삶을 둘러싸고 있는 모든 것에 시선이 닿아야 한다고 말한다. 성을 향유하는 것도 마찬가지다. 탄트라는 성행위를 통해 고차원의 에너지를 끌어내고 의식을 해방하는 기술을 가르친다. 폴리아모리 운동의 선구자 중 한 사람인 폴은 성 에너지를 향유하고 의식적으로 다루는 일이, 일대 다수의 관계를 성공적으로 맺기 위한 필수조건이라고 주장하며 미국 전역에서 탄트라 워크숍을 진행했다.

9

폴리패밀리

나와 다른 '타자'를 받아들이는 일은, 인생을 풍요롭게 하는 방법이라고 믿어.

-폴리아모리스트 W

가족을 만든다는 것

폴리패밀리는 폴리아모리스트가 구성하는 가족을 뜻한다. 성인 세 명을 최소단위로 삼는다. 여기서 던지는 질문. 당신에게 가족은 무엇인가? 많은 사람이 혈연으로, 법적으로 이어진 누군가를 떠올릴 것이다. 혹은 함께 살고 있는 누군가를 떠올릴지도 모른다. 그러나 폴리아모리스트가 인지하는 가족은 반드시 혈연 관계, 결혼 관계에 속하거나 함께 사는 사람만이 아니다. 7장에서 본 것처럼 자신의 파트너가 사랑하는 사람(메타모어)을 가족으로 여기기도 한다. 메타모어는 혈연, 법적, 성애 관계 그 어디에도 속하지 않는데도 말이다. 폴리패밀리는 한 쌍의 남녀가 성애와 혈연을 기반으로 만들어가는 대개의 가족 구성과 부합하지 않는다. 인터뷰 중 "우리는 선택한 가족(family-by-choice)이야."와 같이 말하는 폴리아모리스트들을 자주 만날 수 있었다. 이 표현에는 가족은 주어지기보다는 의식적으로 구성하는 것이라는 인식이 스며 있다. 그들은 "가족을 만든다"라는 생각을 중시한다. 그럼 폴리아모리스트는 폴리패밀리 관계를 어떻게 유지해 나가고 있을까? 폴리패밀리에는 다양한 형태가 있다. 폴리아모리의 모습이 그런 것처럼 말이다. 9장에서는 동거형 폴리패밀리와 별거형 폴리패밀리에 대해 알아볼 것이다. 우선 동거형 폴리패밀리는 말 그대로 함께 거주하는 가족이다. 먼저 아이가 있는 동거형 폴리패밀리의 사례를 보도록 하자.

사례1 사랑을 주고 받는 세 명의 가족

토마스(남성, 40대), 릴리(여성, 30대), 댄(남성, 20대)은 가족으로 함께 산 지 4년째다. 토마스와 릴리는 결혼하고 2년이 지난 후 댄을 가족으로 맞았다. 토마스와 댄은 양성애, 릴리는 이성애자이고, 셋은 트라이어드다. 침실에는 두 개의 침대가 있고 누가 어디서 잘지는 정해두지 않았다. 섹스는 둘이 할 때도, 셋이서 할 때도 있다. 이혼 경력자인 토마스는 전처와의 사이에 두 명의 아이가 있다. 아이들은 한 주의 절반을 토마스의 집에서 지낸다. 생계를 맡고 있는 것은 토마스이며 육아는 릴리가, 가사는 릴리와 댄이 협력해서 하고 있다.

노력과 한계

릴리가 육아를 담당하는 것처럼, 아이를 키우는 동거형 폴리패밀리 상당수는 육아와 가사 담당자를 정해두고 이를 유지하기 위해 많은 노력을 기울인다. 가령, 다른 가족이 돈을 나누어 육아와 가사 담당자에게 급여를 지급하기도 한다. 육아와 가사 담당자는 '빅마마'라고 불린다. 빅마마와 아이들 사이가 반드시 혈연으로 이어진 건 아니다. 또한 남성이 육아와 가사를 담당하기도 한다. 동거형 폴리패밀리에서 종종 발생하는 문제는 금전 및 양육 문제다. 차를 사는 타이밍, 아이들을 사립 학교와 공립 학교 중 어디에 보낼 것인가 하는 문제, 어떤 공부를 시킬 것인가에 대한 의견 차이로 가족 구성원 간 충돌이 일어난다. 보통 이런 문제는 가족 회의에서 의논한다. 같이 살고 있어도 일부러 정기적으로 가족 회의를 열어 모두 모이는 시간을 만드는 것이다. 〈사례1〉의 가족 구성원은 성을 매개로 연결되어 있다. 하지만 성애 관계가 없거나 메타모어 관계가 아닌 폴리패밀리도 많다.

사례2 공동체형 패밀리

셰인(여성, 50대), 글렉(남성, 50대), 매트(남성, 50대)와 죠(남성, 50대). 이 네 사람은 함께 살고 있다. 셰인과 글렉은 자유롭게 열린 관계이며 매트와 죠는 각각 싱글 폴리아모리다. 매트와 죠는 셰인, 글렉과 성애 관계는 없지만 두 사람 모두 셰인과 물형제 사이다. 네 사람은 서로를 가족으로 의지하며 각자 개인의 방을 갖고, 서로의 전문 분야를 살려 가족 역할을 분담하고 있다. 이 사례에서 그들을 연결하는 끈은 '폴리아모리'라는 공통된 이념이다. 이렇게 서로 이념을 공유하는 사람들이 모여 공동체를 일군 사례는 많지만, 함께 사는 사람을 가족으로 인식하는지 아닌지는 상황에 따라 다르다. 여기서는 가족 공동체를 형성한 사례를 중심으로 이야기를 진행하겠다. 이런 형태의 가족은 혈연 및 친족 관련 문제에 대해 특별히 노력을 기울인다. 가족 구성원 중 한 명의 부모를 돌봐야 할 때, 다른 가족도 협력해서 보살피는 일이 대표적인 경우다. 물론 공동 돌봄을 희망하는 자와 희망하지 않는 자 간의 대립도 발생한다. 만약 문제가 생기면 가족 회의에서 의논하고 대처한다.

공동체형 패밀리

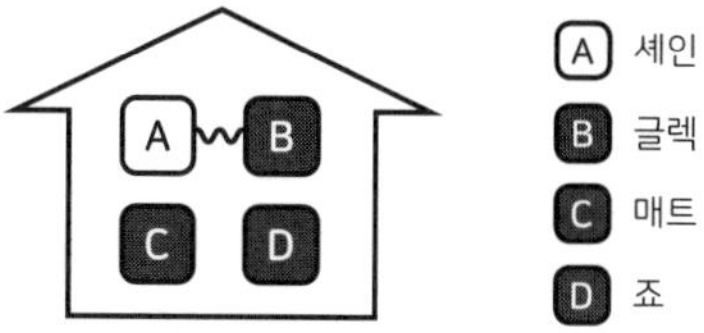

물은 피처럼 진하다?

위 사례에서 주목하고 싶은 것은 물형제/물자매라는 관계다. 이 표현은 전세계교회(2장 SF소설 참조)의 교인들이 자주 사용한다. 기본적으로는 물을 나눠 마시는 의례를 통해 이루어지는 형제 관계다. 물형제/물자매가 가지는 의미는 사람에 따라 다르지만, 셰인에게는 단지 가까운 사이일 뿐만 아니라 없어서는 안 되는 관계다. 모노가미 사회에서는 결혼 후 친구와의 만남이 줄어들거나 관계가 아예 변해버리기도 한다. 특히 이성 친구와는 소원해지기 쉽다. 그러나 이 물형제/물자매는 일생 동안 서로 돕기로 약속한 관계이므로 삶의 주기에 영향을 받지 않고 깊은 관계를 유지한다. 〈사례2〉에서처럼 모든 물형제/물자매가 같이 살아야 하는 법은 없다. 가령 25년 동안이나 물형제/물자매 관계를 맺고 있는 글렌과 케이트는 함께 살지 않고 성관계를 가진 적도 없지만 서로를 가족으로 인식하고 있다. 그들은 가까이 살면서 매주 금요일 점심을 함께한다. 또 케이트는 글렌의 육아나 아버지의 돌봄 문제에도 관여하고 있다.

별거형 폴리패밀리

별거형 폴리패밀리는 동거하지 않고 서로의 집을 왕래하면서 가족 관계를 유지한다. 30년 동안 폴리아모리 상담을 해온 라브리올라는 최근 별거형 폴리패밀리가 증가하는 추세에 집중하면서 자신의 사이트에 시에라의 가족을 소개했다. 시에라는 육아 블로그를 운영하는 프리랜서 작가이다. 그녀가 쓴 에세이와 블로그, 라디오 출연에서 말한 내용을 통해 별거형 폴리패밀리 사례를 살펴보자.

사례3 너무 복잡한 시에라의 가족

시에라(여성, 30대)와 남편 마틴(남성, 40대)은 결혼한 지 10년째인 부부다. 결혼 초부터 오픈 매리지를 실천했다.

너무 복잡한 시에라의 가족

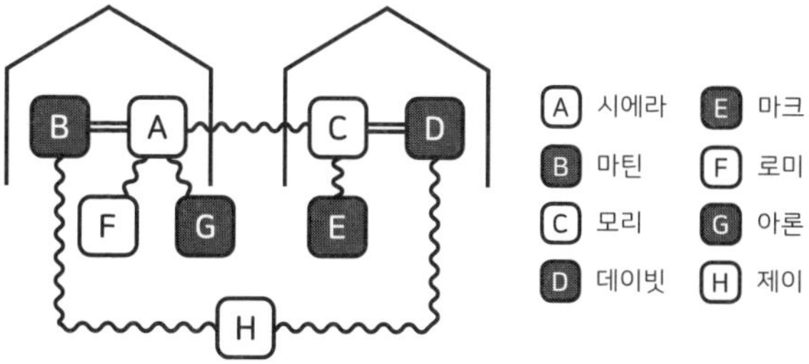

현재 18세, 7세, 4세의 아이들이 있다. 시에라는 양성애자로 모리(여성, 30대)라는 여자친구와 교제 중이다. 그녀와는 3년 동안 교제했고 일주일 중 하루를 같이 보낸다. 모리와 모리의 남편 데이빗(남성, 40대)은 시에라와 가까이에 산다. 그들은 결혼 12년 차다. 6살짜리 아이가 있으며 오픈 매리지를 실천한다. 모리에게는 시에라 이외에 마크라는 남자친구가 있고 교제한 지 5년째다. 한편 시에라는 모리 이외에 로미(여성)와 아론(남성)이라는 연인이 있다. 모리의 남편 데이빗에게는 제이라는 여자친구가 있고 교제 3년째다. 게다가 제이는 시에라의 남편 마틴의 여자친구이기도 하다. 즉 시에라에게 제이는 남편의 여자친구이자 내 여자친구 남편의 여자친구이기도 하다. 시에라와 모리는 함께 살고 있지 않지만 서로를 가족으로 여긴다. 일상적으로 서로 의지하며 돕는 사이이기 때문이다. 그들의 협력 관계는 특히 육아에서 단적으로 나타난다.

별거형 폴리패밀리의 육아

별거형 폴리패밀리를 맺은 시에라가 블로그에 적은 내용의 일부다. "오늘은 우리 집에서 개최하는 영화의 밤. 1층에는 아이들이 소파에 앉아 영화를 보면서 피자를 먹고 있다. 그사이를 틈타 나와 여자친구는 몰래 즐기기. 남편들이 아이들을 보고 있으니 안심하고 즐길 수 있다." 대부분의 사람들은 남편(마틴)과 여자친구의 남편(데이빗)이 아이들을 돌보는 사이 연인(모리)과 섹스를 즐기는 시에라의 일상에 경악할 것이다. 그녀들을 비난하거나 "엄마실격"이란 낙인을 찍을지도 모른다. 하지만 위 경우가 시에라'들'이 육아에 기울이는 노력의 한 방식이라면? 이게 도대체 무슨 말인지 궁금하다면, 육아 분야의 질문에 대한 시에라의 대답을 참조해보자.

육아의 공유

첫 번째 질문. "아이를 키우면서 어떻게 연인과 데이트할 시간을 만드나요?" 이 질문에 시에라는 "육아의 공유"라고 답한다. 예를 들어 연인 모리의 일이 늦어지면 시에라가 모리의 아이들을 데려다주고 데리고 온다. 시에라가 바쁠 때는 그 반대이다. 또 시에라와 모리가 데이트를 하는 날은 마틴과 데이빗이 아이들을 책임진다. 시에라가 남편과 둘이서 데이트하고 싶으면 모리와 데이빗 부부에게 자신의 아이들을 맡긴다. 물론 반대의 경우도 마찬가지. 육아 담당자가 정해져 있지는 않다. 시간이 있는 사람이 아이들을 돌보는 시스템이다. 각자의 사적인 시간을 즐길 수 있도록 서로 도와주는 유연한 교대 양육 시스템인 것이다.

아이들을 배려한 환경 만들기

두 번째 질문. "아이들에게 폴리아모리스트라는 것을 공개해도 되는지?" 시에라는 아이들에게도 말했다고 답하며, "중요한 건 엄마와 아빠가 서로 사랑하고 있으며, 너희들도 사랑하고 있다는 걸 알려주고, 우리가 너희를 사랑하는 것처럼 여자친구도 사랑한다는 사실을 솔직하게 전하는 거야."라고 말했다. 한마디 더. "그러나 침실에서 일어나는 일에 대해서는 자세하게 말하지 않습니다. 그건 모노가미와 똑같아." 또 시에라는 다른 폴리패밀리와의 교류가 아이들에게 매우 중요하다고 생각한다. 혹시 아이들이 자신의 가족에 대해 의문을 갖게 된다면? 고민을 털어놓을 수 있는 사람이 많은 편이 나을 것이다. 시에라는 에세이와 블로그에 "우리의 생활은 아이가 있는 모노가미 가정과 별반 다르지 않다."고 반복해서 말한다. 모노가미 가족과 다른 점은 단지 배우자 이외의 연인이 있다는 점과 육아에 관여하는 어른이 많다는 것뿐이다. 내가 인터뷰했던 별거형 폴리패밀리 중에도 유연하게 교대 양육을 하는 가족이 있었다. 이런 경우, 휴대전화와 메일로 자주 연락을 주고받고 각자 비상 열쇠를 만들어두는 등 다양한 노력이 이루어진다. 아무리 바빠도 가족 모두가 만날 수 있는 시간을 만들고 가족 여행을 위한 저축도 한다. 별거형 패밀리의 특징은 사랑하는 사람(아이와 배우자, 연인)과 스스로에게 더 좋은 길은 무엇인지 고민하면서 의식적으로 행동한다는 점이다. 아래에 별거형 폴리패밀리를 맺은 사례를 하나 더 소개한다.

사례4 사랑하는 사람의 곁을 매일 찾아가는 잭

캐시(여성, 50대)와 알란(남성, 50대)은 결혼한 지 15년째다. 캐시와 잭(남성, 50대)은 교제 6년째. 알란과 잭은 친한 친구 사이며 성적인 관계는 없다. 2년 전 캐시와 알란은 잭에게 동거하자고 제안했다. 그러나 잭은 거절했다. 죽은 아내와의 추억이 켜켜이 쌓인 집을 팔고 싶지 않아서였다. 이유를 알아챈 캐시와 알란은 잭의 집 근처로 이사했다. 캐시의 다리가 불편하기 때문에 언제나 잭이 캐시를 찾아온다. 최근 세 사람은 거의 매일 저녁식사를 함께하고 있다. 캐시와 알란이 동거를 제안하고 이사까지 하면서 잭의 이웃이 된 이유는 무엇일까. 캐시는 말한다. "나는 다리가 좋지 않잖아. 그래서 항상 잭이 날 보러 오고. 난 그의 부담을 조금이라도 덜어주고 싶었어." 그들을 인터뷰하면서 잭에 대한 캐시의 배려, 그리고 이런 캐시의 생각을 이해하고 기꺼이 함께 이사한 알란의 마음 씀씀이를 느낄 수 있었다. 이 경우와 같이 별거형 폴리패밀리를 유지하기 위해 이사까지 감수하는 폴리아모리스트는 생각보다 많다.

의식적인 '가족 만들기'

9장에서 소개한 사례들의 공통점은 바로 가족 내부의 커뮤니케이션을 중시한다는 것이다. 자신들이 어떤 가족 관계를 바라며, 그것을 위해 어디까지 노력할 수 있는지 서로 계속 의논한다. 그들의 이런 태도를 통해 가족으로서의 유대 관계를 만들어 나가는 의식과 노력을 엿볼 수 있다. 당신은 가족 중 누군가가 자신을 위해 해주는 것들을 당연하게 여기거나, 가족이니까 무슨 짓이든 해도 괜찮다고 생각하고 있는가? 하지만 가족이란, 당신과 함께 '가족 만들기'에 동참하는 구성원이라는 사실도 한번 생각해보길 권한다. 폴리아모리스트들이 말하는 것처럼, 누군가가 당신의 가족으로 있는 건 당신이 그 누군가에게 없어서는 안 되는 존재이기 때문이다. 나 역시 폴리패밀리를 조사하는 과정에서 이 사실을 다시 한번 깨우쳤다.

현장조사 에세이 6 타자와 함께 살다

"이상적인 장소는 나가노? 집을 살 때 지금 가능한 금액은 불분명. 매달 지급 가능한 금액 1000달러 이하. 인원은 10명 정도. 이상(理想)은 파트너로서, 사이 좋은 친구들과 함께 힘을 합쳐 즐거운 노후를 보내는 것." 케이트는 종이에 쓰인 것을 읽어 내려갔다. "이거 네가 쓴 거지?" 케이트는 의아스러운 표정으로 내게 물었다. "네." 오늘 모임의 주제는 '그룹 리빙'. 그룹 리빙은 여러 명이 모여 함께 살아가는 거주 스타일이다. 모임이 시작됐다. 만약 자신이 그룹 리빙에 동참한다면 어떻게 살고 싶은지를, 아래 항목별로 각자 써 내려간다.

① 이상적인 장소는 어디인가

② 집을 공동 구입할 경우 지급할 수 있는 금액

③ 매달 지급 가능한 금액

④ 어떤 사람과 살고 싶은가

⑤ 인원

⑥ 그 외의 이상(理想)

제출된 종이를 케이트가 다시 모은 후 하나하나 읽으며 서로 의견을 교환했다. "나가노는 어떤 곳이야? 도시 아니면 시골?" 50대 남성이 물어왔다. "도쿄에서 차로 세

시간 정도 걸리는 도시야. 자연 환경이 좋은 곳이지." "차로 세 시간? 너는 공동체 같은 걸 상상하고 자급자족으로 살아가려는 거야? 그런데 노후에 그 정도의 체력이 남아 있을까?" 나는 위축돼서 입을 다물었다. 그러자 다른 남성이 "애초에 너는 왜 그룹 리빙을 노후 시기로 한정하고 있는 거니?" 질문이라기보다는 비난에 가까운 목소리였다. "지금은 학교도 다녀야 하고 파트너는 일도 있으니까."라고 답하자 이번에는 한 30대 여성이 조심스레 말을 꺼냈다. "우리는 꿈에 대해 얘기하고 있지만, 동시에 실현 가능한 프로젝트를 계획하는 거야. 나도 일과 육아를 동시에 감당하는 중이야. 지금 네 상황에서 그룹 리빙을 하려고 한다면……" 그녀의 말을 듣고서야 나는 이 모임의 목표를 비로소 이해할 수 있었다. 효율적인 생활을 목표로 삼는 사람이 있고, 서로의 사생활에 관여하면서 일상적으로 협력하는 공동 생활을 이상으로 설정한 사람도 있다. 그룹 리빙 경험자인 30대 여성은 장기적으로 같이 살아갈 수 있는 "확대 가족"이 목표라고 말했다. 그녀는 자기가 그린 방 배치도를 보여주면서 혈연이나 법적 관계가 없이도 강한 유대를 느낄 수 있는 가족을 만드는 게 가능하다고 반복해서 강조했다.

"이상적인 장소는 웨스트 할리우드 지역. 집을 살 때 지급 가능한 금액은 검토 중. 매달 지급 가능 금액은 1200달러 이하. 인원은 10명 이하. 이상理想은 다양한 세대로 구성된 그룹 리빙". 케이트는 글을 읽다가 "달은 무자비한 밤의 여왕(Moon is a Harsh Mistress)!"라는, 도통 의미를 알 수 없는 말을 내뱉었다. 이 문구는 '라인 매리지'라 불리는 세대 간의 복수혼이 묘사되어 있는 로버트 하인라인의 SF소설 제목이다. 내가 인터뷰한 60대 후반의 윌리엄은 적극적인 라인 매리지 실천자이다. 그는 내가 인터뷰한 사람 중 최고령의 남성이며 현재 혼자서 살고 있다. 베트남 전쟁 참전자였고 전쟁에서 많은 친구를 잃었다. 윌리엄은 전쟁을 겪고 나서 '어떻게 인생을 풍요롭게 살아갈 것인가?'라는 질문에 강하게 사로잡혔다고 나에게 털어놨다. 귀국 후 그는 하고 싶은 일들에 차례차례 도전했다. 그중 하나가 바로 기존의 결혼제도에 구속 받지 않는 삶을 사는 것이었다. 그는 당시의 아내와 함께 대안 가족을 원하는 사람들을 위한 교육 단체인 패밀리 시너지 멤버가 됐다. "패밀리 시너지의 이념은 자신과 다른 타자를 인정하는 거야." 윌리엄은 타자와의 협동을 두 가지로 나누어 설명했다. "하나는 자신과 다른 형태의 가족을 만들고 사는 타자와 협동하는 거야. 모노가미 가족, 게이/레즈비언 가족, 한 부모 가족, 입양 가족, 폴리패밀리. 미국에는 다양한 형태의 가족이 있어. 각자 소중한 사람과 함께 살고 있지만, 이웃에 사는 다른 형태의 가족을 받아들이고 돕는 게 가능해진다면 일상은 더 풍요로워질 거야. 또 다른 하나는 가족 안의 타자를 받아들이는 거야. 혈연, 법적 관계의 유무, 동거의 유무, 성적 지향의 차이, 세대 차이와 상관없이 서로를 인정하고 함께 살아갈 수 있다면 엄청난 시너지를 기대할 수 있어. 나는 그것이 자신과 다른 타자를 받아들이면서 내 인생을 풍요롭게 만드는 방법이라고 믿고 있어." 폴리아모리스트에게 누군가와 함께 살아가는 것은 어떤 의미일까. 이 질문에 답하기는 쉽지 않다. 그러나 분명한 것은 그들이 타자와 공생하는 문제를 진지하게 고민한다는 사실이다. 타자와 더 나은 관계를 만들어 나가기 위해서, 그리고 자아 내부에 자리하는 타자와의 만남을 이어나가기 위해서.

일본의 폴리아모리스트

현장 조사 경험을 이야기하면 "폴리아모리스트와 그렇게 가깝게 지냈으면 너도 영향을 받지 않았니?"라는 질문을 자주 받는다. 폴리아모리는 분명 모노가미와는 다른 사랑의 방식이자 매력적인 삶의 방식이었다. 그러나 현장조사를 통해 폴리아모리가 내게 적합할지 아닐지 혹은 내가 폴리아모리이고 싶은지를 고민하는 건 다른 차원의 문제다. 다만 조사 후 크게 달라진 생각이 하나 있다. 조사를 시작하기 전 나는 폴리아모리를 단지 모험적인 성애 실험이라고만 예상했다. 그러나 조사를 끝낸 지금은 오히려 한 사람과만 관계를 맺는 모노가미야말로 엄청난 도전이라고 생각한다. 파트너의 수와 상관없이 타인과 친밀한 관계를 맺는다는 건 그 자체로 기적이기 때문이다. 바로 이 점을 강하게 인식하게 됐다는 점이 내 안에서 일어난 가장 큰 변화다.

아키코, 그녀의 사랑

일본에도 폴리아모리스트들이 존재한다. 2014년 10월 11일 오사카 돈센터에서는 '제2회 성소수자의 의료/복지/교육을 위한 전국대회'가 열렸다. '폴리아모리란 어떤 사랑인가?'라는 주제로 진행된 아래 인터뷰를 통해 폴리아모리스트 아키코(여성, 30대)의 삶을 소개한다.

후카미 아키코 씨, 잘 부탁드려요. 물어보고 싶은 건 너무 많지만 시간이 제한되어 있으니 최대한 질문을 추려왔어요. 답하고 싶지 않은 질문은 넘어가셔도 됩니다. 먼저 근황에 대해 여쭐게요. 현재 파트너는 몇 명인가요? 실례가 안 된다면 젠더와 교제 기간에 대해서도 알려주세요.

아키코 파트너는 A와 B 두 사람이에요. 두 사람 다 남성이고 A는 양성애자, B는 이성애자예요. 그들과는 거의 동시에 사귀기 시작했고 사귄 지 1년 10개월 정도 됐어요.

후카미 두 사람과 만나는 빈도는 어느 정도인가요?

아키코 먼저 사귄 A와는 내가 야근일 때를 빼면 거의 매일 만나고 있어요. 같은 아파트에 살아요. 201호와 203호에 따로 살지만 매일 제 방에서 같이 자구요. B와는 한 달에 두 번 정도 만나요. 전에는 일주일에 한 번 정도 만났는데, 최근엔 둘 다 일이 바쁘기도 하고 또 그에게 새로운 파트너가 생겨서 한 달에 두 번 정도로 조정했어요.

후카미 A와 B와는 어떻게 알게 됐는지 들려주세요.

아키코 A는 7, 8년 정도 전부터 알던 사람이에요. 처음에는 친구 사이었구요. 제 친구의 남자친구였어요. 그는 당시 제 친구를 포함해 동시에 두 사람과 사귀고 있었어요. 다 같이 어울려 놀러 다니던 어느 날 이벤트를 하기로 해서 같이 만났는데 문득 "이 사람이랑 있으면 마음이 편하네, 좋다"라는 생각이 들었어요. 하지만 제가 먼저 다가가거나 관계를 변화시키려고는 하지 않았고요. 그러던 중 크리스마스 즈음해서 꽤 많은 사람들이

크리스마스를 같이 보내자고 하더라고요. 한 술자리에서 그에게 이 사실을 말하니 그가 대뜸 "나도 아키가 좋아. 친구로서 말고"라고 하더군요. "사귀고 싶어"라는 고백을 받았고 사귀게 됐죠. B는 그 일이 있고 나서 약 일주일 후부터 사귀기 시작했어요. 그와는 폴리라운지(일본 폴리아모리 그룹 중 하나)에서 알게 됐어요. B의 집과 제 직장이 엄청 가까웠기 때문에 한번은 같이 식사를 하게 됐죠. 지적 호기심을 자극하는 그와 함께 있으면 즐거웠어요. 그러다 그가 "아키의 페이스에 제가 맞출 테니까 우리 사귀지 않을래요?"라고 고백해 왔어요. 저는 최근 남자친구가 생겼다고 말했는데 B가 괜찮다고 해서 사귀게 됐죠.

후카미 A에게 사귀고 싶은 사람이 생겼다고 말했을 때의 기분과 그 말을 들은 A의 반응이 궁금하네요.

아키코 A에게 B에 대해 말할 때는 꽤 큰 용기가 필요했어요. 실제로 한 달 정도는 말을 못 했어요. 결국 고백했죠. 그는 "그럴 거라고 짐작했었어. 더 빨리 말해줬음 좋았을 텐데."라고 말했어요. 혼나는 듯한 기분 혹은 질책

당하는 느낌이었죠. 그런데 B에게 그와의 교제 사실을 A에게 고백했다고 전하는 걸 깜빡했어요. 폴리라운지에서 두 사람이 만났는데 그때 B는 A가 우리의 교제 사실을 모른다고 알고 있었고, 때문에 나중에 B는 "그가 우리 사이를 이미 안다는 사실을 그때 알았다면 다른 여러 이야기도 할 수 있었을 텐데!"라며 나를 혼내더군요. "나를 진지하게 생각하지 않으니까 그렇게 중요한 사실도 전하지 않고 까먹은 거야!"라면서요.

후카미 A와 B는 서로 마주친 적이 있었던 사이였군요. 나중에 따로 소개했나요? 셋이서 만나기도 하나요?

아키코 한번은 식사 약속을 잡았어요. 두 사람은 비슷한 면이 많아서 말이 잘 통하리라 생각했거든요. 그런데 실제로 만나보니 전혀 달랐어요! 셋이서 친해져서 같이 밥도 먹고 언젠가는 여행도 갔으면 하고 바랐는데, 그 꿈은 산산조각이 나고 말았죠. 서로 의견이 다른 화제 때문에 작은 말싸움도 일었고요. 그때부터 서로에 대해 좋지 않은 인상을 받은 것 같아요. 지금도 마찬가지인 듯해요.

후카미 두 명의 파트너와 사귈 때 특별히 조심하는 게 있나요?

아키코 "이런 건 피해야 한다" 혹은 "이렇게 하면 좋아한다" 같은 주의사항을 스마트폰에 메모해요. 또 두 사람이 불안하지 않도록 "좋아해", "사랑해" 같은 말을 매일 하려고 노력해요.

후카미 폴리아모리를 실천하면서 솔직히 힘들다거나 귀찮다고 생각한 적 없나요?

아키코 두 사람이 서로를 별로 좋아하지 않아서 신경은 쓰이죠. 서로에 대해 험담하면 그걸 전하지 않도록 노력해요. 이건 조금 귀찮아요. 그래서 최근엔 아예 서로에 대한 말을 꺼내지 않아요. "이 이야기는 그 사람에게 말하지 않았으면 해."라고 하면 이야기가 복잡해지기 때문에 힘들 때도 있어요. 그러나 비밀은 지키고 있어요!

후카미 폴리아모리를 실천하고 있어서 다행이라고 생각한 적은 있나요?

아키코 좋아하는 사람과 사귈 수 있다는 점이요. 사귀고 있는 사람이 있으면서도 다른 사람을 만난다는 죄책감도 줄어들었어요.

후카미 일대일 교제를 했던 때와 다른 점은?

아키코 일대일 교제를 하고 있을 때는 내가 상대의 소유물처럼 다뤄지는 느낌이 있었어요. 그런데 폴리아모리가 되고 나서 그런 느낌이 없어졌어요. 개인으로서 존중받는 느낌이랄까.

후카미 친구들에게 폴리아모리를 실천한다고 말했나요?

아키코 거의 모든 친구에게 커밍아웃했어요. 항상 같이 지내는 동료들은 신경 쓰지 않더라구요. 폴리아모리와 모노가미, 어느 쪽이 좋고 나쁜지가 문제가 아니라 자신에게 적합한지 아닌지가 더 중요하다고 생각하는 사람들이니까요.

후카미 마지막으로 아키코 씨의 현재 관심사와 꿈에 대해 알려주세요.

아키코 임신과 출산, 육아에 관해 관심을 가지기 시작했어요. 나는 혈연 관계에 전혀 집착하지 않기 때문에 입양이나 수양 가족도 좋다고 생각해요. 지금 당장은 수양 부모가 되기엔 제약이 많지만요. 폴리라운지에 오는 젊은 사람 중에는 폴리아모리라는 사실을 공개하고 아이를 키우고 싶어 하는 사람들이 꽤 있어요. 그런 사람들을 조금이라도 도와주고 싶어요. 조금 윗 세대 중에서는 "아무리 그래도 아이들에게는 말할 수 없어"라는 사람들도 있어요. 하지만 아이를 키우고 싶은 젊은 폴리아모리스트들이 나타나기 시작하는 추세니까, 앞으로는 여러 가지로 기대가 됩니다.

일본의 폴리아모리 그룹 - 폴리라운지

일본의 폴리아모리스트는 아직 그리 많지 않다고 한다. 내가 아는 한 일본에서 지속적인 모임을 열고 있는 폴리아모리 그룹은 세 개뿐이다. 그중 하나가 조금 전 인터뷰에서 아키코가 언급한 폴리라운지(이하 폴리란)다. 모임은 도쿄와 오사카에서 열린다. 폴리란을 만든 시로(남성, 20대)에게 경위와 목적, 참가자에 관해 물어봤다.

폴리란의 등장

시로는 폴리란이 트위터를 통해 시작됐다고 말한다. 2010년이었다. 폴리아모리스트가 자기 감정을 털어놓거나 다른 폴리아모리스트의 이야기를 들을 기회가 없어 아쉽고, 소통 공간을 만들고 싶다는 C의 트위터에 시로가 응답했다. 당시 시로는 연인과 결별하고 폴리아모리에 실패했다고 느끼고 있던 차였다. 그는 폴리아모리를 잘 실천해가는 사람들의 이야기가 듣고 싶어서 스스로 책임을 지고 모임을 기획했다. 이 모임이 제1회 폴리란이었고 9명이 참가했다. 폴리란을 어떤 모임으로 꾸려갈지를 C, 그리고 친구인 아키코와 거듭 논의했고 그 결과, 성소수자 지원을 목표로 하는 친밀한 분위기의 자조 모임self-help group을 만들기로 했다. 당장 상담할 수 없는 문제라도 믿을 만한 사람을 연결해줄 수 있다면 큰 도움이 되리라 생각한 것이다. 그리고 계속 모임을 가졌다. 시로는 폴리란의 존재가 누군가에게는 희망이길 바란다고 말했다.

어떤 사람들이 참가하는가

2010년 시작된 폴리란은 지금까지 도쿄에서 16회, 오사카에서 7회를 맞았다(2015년 3월 기준). 보통 열 명에서 열다섯 명이 참여하고 많을 때는 스무 명 정도가 모인다. 참여자의 연령은 20~30대가 가장 많다. 시로는 트위터나 페이스북을 통해 모임 공지를 하기 때문이라고 추측했다. 폴리란은 주최자가 고정되어 있지 않다. 참여 경험이 있거나 모임을 개최하고 싶은 사람이라면 누구나 가능하다. 그래서 주최자에 따라 참여자와 분위기가 조금씩 달라진다. 나는 지금까지 세 번 참가했다. 폴리란에 참여하는 사람들은 인간과 성에 대해 다양한 생각을 가지고 있었다. 자신과 다른 성적 취향자와 라이프스타일을 받아들일 수 있는, 생각이 유연한 사람들이 모인다. 그리고 미국에서 만났던 많은 폴리아모리스트와 마찬가지로 열린 사고를 갖고 있는 사람이 많았다. 또 폴리아모리 자체에는 관심이 없지만 이 모임이 재밌어 보여 참여했다는 사람도 적지 않았다. 이들 대부분은

LGBT였다. 폴리란을 통해 LGBT가 안심하고 즐거워할 수 있는 가능성도 엿보였다. 그런가 하면 멀리서 찾아온 참여자도 있다. 규슈에서 온 D(여성, 30대)는 미리 참여 가능한 날짜를 알려왔고 연락을 받은 주최자는 모임 날짜를 변경했다. 그녀는 8년에 걸쳐 두 사람과 교제했지만 폴리아모리라는 용어는 몰랐다고 한다. 그래서 3년 전 폴리아모리라는 개념을 듣고는 크게 안심했고, 자신처럼 살아가는 사람들과 교류한 적이 없었기 때문에 이 그룹의 존재를 알고서는 매우 기뻤다고 말했다. 그녀에게 메일을 보내 근황을 물어봤다. 바로 회신이 왔다. "일 년 전에는 파트너가 두 명이었는데 지금은 한 명이에요. 파트너의 수는 사랑의 방식과 밀접하게 관련하지요. 또 사회적으로 어떻게 수용될까 하는 고민도 생기고요. 하지만 내게 있어 가장 큰 관심은 파트너가 몇 명이냐가 아니라 누구를 어떻게 사랑하느냐 하는 것입니다."

작가 후기

끝까지 읽어주신 독자 분들께 감사드립니다. '사랑'이라는 큰 주제를 겨우 200장 남짓한 책으로 담을 수 없다는 사실은 저 역시 잘 알고 있습니다. 다만 '폴리아모리'라는 단어가 익숙하지 않은 사람들이 폴리아모리의 실체에 다가가며 더 많은 관심을 갖기를 바라는 고민의 산물이 이 책이라는 점을 언급할 수 있을 뿐입니다. 책을 읽은 사람들이 폴리아모리를 비롯한 다양한 사랑의 모습에 관심을 기울이게 되었거나 새로운 고민이 생겼다면, 이 책은 소기의 목적을 달성했다고 생각합니다.

제가 폴리아모리를 일본에 소개하고 싶었던 이유는 세 가지입니다. 첫째, 폴리아모리스트들이 힘들게 만들고 지켜나가는 신념 체계를 왜곡해서 오용하는 사태를 방지하기 위해서입니다. 둘째, 사랑을 두고 고민하는 사람들에게 또 하나의 선택지가 될 수 있는 폴리아모리를 소개하고 싶었습니다. 마지막으로, 다른 모습의 사랑을 실천하는 이들을 주류의 잣대로만 판단하지 않았으면 하는 바람 때문입니다. 폴리아모리스트들도 여러분처럼 사랑하는 이들과 함께하기 위해 노력하며 살아갑니다. 우리 사회가 다양한 모습의 사랑과 가족을 이해하고 수용할 수 있기를 바라는 마음이 바로 제 연구의 동기였습니다.

많은 분들의 도움과 격려가 없었더라면 이 책은 세상에 나오지 못했을 것입니다. 도움을 주신 모든 분의 이름을 호명할 수는 없겠지만, 이 자리를 빌려 감사의 뜻을 표하고 싶습니다.

먼저 집필에 직접적으로 도움을 주신 분들께 감사를 전합니다. 책에 몇 번이나 등장한 글렌을 비롯하여 인터뷰에 참여해준 남캘리포니아 폴리아모리스트들의 협력과 로스앤젤레스 현장조사에 큰 도움이 되어주었던 공익신탁 시부사와 민족학 진흥기금公益信託澁澤民族學振興基金 등의 지원에 힘입어 연구를 진행할 수 있었습니다.

또한 지도교수인 가스가 나오키 선생님, 오스기 다카시 선생님, 오카자키 아키라 선생님, 석사과정을 지도해주신 이시이 미호 선생님께 감사드립니다. 선생님들의 연구와 조언은 인류학이라는 학문뿐 아니라 저의 세계관에도 많은 영향을 미쳤습니다. 그리고 히토츠바시대학 인류학과 선배와 동기들에게 고마움을 전합니다. 특히 하마다 아키노리는 초고에 대해 값진 조언을 아끼지 않았습니다.

이 책을 집필하던 중에 극작가 오노 마리코 씨와 '나가시마가쿠의 츠쿠리카타 연구소'*에서 에스노드라마 연구단**을 꾸렸습니다. 이 연구실에서는 '타자'에게 다가가는 방식을 고민하며 다양한 실험과 워크숍을 진행합니다. 이런 작업들의 연속선상에서 2014년 '폴리아모리 인생게임'을 만들기도 했습니다. 이 과정에서 받은 여러 자극은 저의 집필 작업에 큰 힘이 되어주었습니다.

폴리아모리라는 새로운 사랑의 방식은 아직 우리 사회에서 비주류적이고 주변적인 주제입니다. 그럼에도 흔쾌히 이 책의 출판을 결정하고 지원해주신 헤이본샤의 편집자 기시모토 히로카즈 씨께 감사드립니다. 항상

* 長島確のつくりかた研究所. 도쿄 아트 포인트 계획의 일환으로 2013년 여름에 만들어진 연구소이다. 고정된 틀에 콘텐츠만을 바꿔 적용하는 기존의 아트 프로젝트 방식에서 벗어나 구조 자체를 바꿔보자는 문제의식을 갖고 소장 연구자들과 스태프들이 모여 여러 프로젝트를 진행하였다.

** 이 연구 그룹에서는 주로 '연기하는 것과 본다는 것'에 집중하여 민족지(문화기술지) 연구를 수행한다.

꼼꼼하고 정성스럽게 원고를 검토해주셨고 집필 과정에서 발생하는 여러 의문과 문제들에 신속하게 대응해주셨기에 무사히 책을 완성할 수 있었습니다.

마지막으로 삶의 모든 영역에서 응원해주시는 부모님과 언제나 깊은 이해를 담은 시선으로 나를 바라봐주는, 선글라스가 참 잘 어울리는 내 인생의 동반자에게 다시 한번 깊은 고마움을 전합니다.

역자의 말

폴리아모리

그리스어 Poly(다자, 多者)와 라틴어 Amor(사랑)의 결합어인 폴리아모리(Polyamory)는 '비독점적 다자간 연애/사랑'으로 번역됐다. 『우리는 폴리아모리 한다』(심기용·정윤아, 알렙, 2017)의 저자 심기용 연구원의 말처럼 절묘한 의역이다. 폴리아모리라는 단어 자체는 '다자 연애/다자 간 사랑/복수複數의 사랑'이란 뜻이다. 하지만 실제 폴리아모리를 실천하는 사람들 간의 핵심 기준과 윤리는 바로 '비독점'이다. 여기서 고개를 갸우뚱하는 분들도 있겠다. 뭐라고? 폴리아모리에 무슨 기준과 윤리 따위가 있나? 그냥 바람둥이들이 하는 이야기에 무슨… 같은 의문이 들겠지. 하지만 있다. 그것도 매우 강력한 원칙이.

누군가의 삶을 복속시키지 않는 것. 누군가의 마음을

강제하지 않는 것. 누군가의 자유를 존중하는 것. 이런 기조의 원칙들이 있다. 이런 이야기들을 '현대 사회'에서, '일부일처제'에서, '1:1의 연애'에서 자기 자신과 사랑하는 사람들에게 '그대로' 적용할 수 없어 답답했던 이들이 폴리아모리스트가 됐다. 그들의 원칙이 그들의 생각과 삶을 변화시켰다. 그들의 원칙이 그들을 낳았다. 그러므로 그들의 원칙은 곧 그들의 존재다. 바꿔 말하면 저 몇 가지 원칙에 공감하고 실천하려 애쓰는 모두는 (잠재적) 폴리아모리스트인 셈이다.

『폴리아모리 – 새로운 사랑의 가능성』

이 책은 폴리아모리에 대한 한 학자의 연구 보고서를 대중서로 달리 서술한 책이다. 저자는 폴리아모리스트가 아니다. 인류학 · 사회학을 전공한 학자다. 폴리아모리를 조금 더 실제적으로 연구하기 위해 미국에 체류하며 현지조사를 진행했다. 다양한 폴리아모리스트들을 만났다. 그들의 이야기를 들었다. 그들의 가능성과 갈등들을 수집했다. 그리고 이 과정에서 자기 스스로도 달라진다. 저자는 자신의 만남, 듣기, 수집을 정리했다. 저자는 폴리아모리스트로 전향(?)하진 않았지만, 폴리아모리라는 새로운 사랑의 가능성을 삶 속에 배치할 수 있었다고 고백한다. 그렇다. 옳다 그르다의 문제가 아닌 가능성의 문제다. 누구나, 생경함을 이겨내면 세계가 넓어진다.

역자들은 저자가 연구자라는 사실에 주목했다. 권위를 중시하는 세상이므로, 저자가 전문 연구자라면 폴리아모리라는 생경함의 문턱을 넘기가 그나마 편하지 않을까 하는 알량한 의도다. 또한 저자가 폴리아모리스트가 아니라는 점도 마음을 끌었다. 폴리아모리스트가 아니더라도 폴리아모리를 하나의 세계로 인정할 수 있다는 증거기 때문이다. 역자들이 잔머리를 굴렸다는 사실을 굳이 밝히는 까닭은, 우리가 번역한 이야기들의 주인공인 폴리아모리스트들이 가장 중시하는 가치 중 하나가 '서로 진실하기'니까. 그래서 우리도 이 책으로 여러분들과 소통하게 된 계기를 이렇게 밝혀둔다.

한국의 폴리아모리스트

이 책의 저자는 일본인인데 내용은 미국의 폴리아모리스트들을 다룬다. 일본 폴리아모리에 대해서는 책의 말미에 짧게 소개되어 있다. 일본에도 폴리아모리는 쉽게 꺼낼 수 있는 주제가 아니다. 이 책이 출판된 시점(2015년), 일본의 폴리아모리 모임은 크게 세 개 정도에 불과했다. 한국도 사정이 비슷하다. 포괄적 차별 금지법이 동성애 장려로 탈바꿈(당)해 공격받고 무너지는 나라에서, 아직도 간음죄가 필요하니 마니를 운운하는 사회에서 폴리아모리는 쉽게 다루거나 고백할 수 있는 이야기가 아니므로. 그러니 일본이든 한국이든 실제 폴리아모리(적)인 사람들의 존재와 목소리는 실제보다 희미하고 작게 드러날 수밖에. 이런 상황에서 폴리아모리의 핵심 가치가 '다수'보다는 '비독점'이라는 심도 있는 논의는 꺼내기도 어렵다. 누군가가 누군가의 마음과 삶을 차지/소유할 수 없기 때문에 연인이 다수인 경우도 자연스레 존재할 수 있고, 그 모든 새로운 사건/사태에 대해 서로 논의하며 삶을 확장할 수 있다는 가능성. 이를 대놓고 고민하는 이들은 매우 드물다. 하지만 최근 한국에서도 이들의 이야기가 새어 나오기 시작했다.

'폴리아모리를 전면적으로 다루는 최초의 책 번역'을 준비하던 역자들을 허탈하게 만든 책 『우리는 폴리아모리한다』(심기용 · 정윤아, 2017)에 대해 먼저 언급해두어야

겠다. 이 책은 폴리아모리 관련 개념, 철학적 맥락과 변용 가능성, 한국 폴리아모리스트들의 증언을 엮었다. 저자가 직접 국내 폴리아모리스트들을 만나 그 육성을 담아냈다. 폴리아모리가 단지 하나의 개념 혹은 국외의 별종 사례가 아니라 한국에서도 실재한다는 사실을 증언한다. 폴리아모리를 다루는 웹툰과 단편소설, 폴리아모리 관련 특집 기사가 나오기도 했다. 폴리아모리스트들이 폴리아모리를 알리는 인터넷 공간도 검색으로 쉽게 찾을 수 있다. 영화와 연극 등 예술계도 이 주제로 작품을 만들었다. 한국 폴리아모리의 규모에 대한 통계는 없지만, 이런 흐름만으로도 한국 역시 폴리아모리스트들이 어느 정도 실재한다는 사실을 넉넉히 짐작할 수 있다. 물론 이 가느다란 흐름보다 훨씬 더 장대한 비난과 악플도 존재한다. 비난과 악플은 그 대상의 존재를 확인시켜주는 선명하고도 폭력적인 증거이므로, 이제 한국도 폴리아모리와 폴리아모리스트들에 대해 고민할 때가 된 셈이다. 이미 존재/실존하니까.

삽질

'아무리 설명해도 이해받지 못한다.'
'아무리 노력해도 인정받지 못한다.'
'아무리 호소해도 존중받지 못한다.'

우리가 살고 있는 세계에서 위 세 문장은 끈질기고 강력하다. 저 문장에 해당하는 일들은 영역과 심도를 불문하고 사회적 삶의 어디에선가 혹은 어디에서도 터져 나온다. 비단 이 책이 소개하는 폴리아모리뿐 아니라 성소수자 문제, 노동자 문제, 인권 문제, 이념 문제, 정치 문제, 공간 문제, 또 무슨무슨 문제들. 나아가 사람과 사람 사이에서도. 그렇다. 나도 때로는 아니 종종, 생경함을 이해하지 않고 인정하지 않고 존중하지 않는 누군가들을 이해하지 못하고 인정하지 못하고 존중하지 못하니까. 그냥 이 세계는 그렇게 생겨먹은 것이다. 그러니 나는 이해할 수 없고, 인정할 수 없고, 존중할 수 없는 무엇들을 쉽고 편하게 부정하진 말아야지 하고 작게 읊조릴 뿐이다. 그게 우리가 노력할 수 있는 최대한이라는, 최소한의 기대. 이 책을 번역한 까닭이다. 폴리아모리를 이해해 달라, 인정해 달라, 존중해 달라 같은 호소는 불필요하다고 생각한다. 누군가들이 누군가들을 이해하고 인정하고 존중하지 않아도, 누군가들은 이미 생생히 존재하고 있다. 승인은 필요 없다. 그러므로 이 책의 목표는 '폴리아모리 나쁘지 않아요!' 같은 변호를 위한 뇌물이 아니다. 오히려 폴리아모리 혹은 생경하고 다르게 생겨먹은 존재를 무조건 적대적으로 대하는/대할 사람들의 세계를 조금이라도 넓혀주려는 선물이다. 보시라, 이렇게 살아가는 사람들도 있소, 같은. 쉽지 않을 것이다. 고로 이 책은 누군가들의 편협하고 단단한 관념의 벽에 가해지는 작은 '삽질'인 셈이다.

더 많은 이야기들이 필요하다

아직 한국에는 폴리아모리/폴리아모리스트 관련 출판물이 적다. 이 개념 자체를 인지한 역사 자체가 짧기도 하고 한국사회의 공론장에서 아직은 다루기 어려운 이야기이기도 하기 때문이다. 그래서인지 폴리아모리 관련 출판물 혹은 작품들은 약간 방어적 태도를 취한다. 폴리아모리가 왜 이상한(나쁜) 사랑이 아닌지, 기존 사회가 얼마나 답답한지, 폴리아모리스트는 행복하다든지. 하지만 폴리아모리 역시 어렵다. 힘들고 지친다. 대부분의 '사랑과 삶'이 그러하듯이. 더군다나 폴리아모리는 지속성/안정감을 중시한다. 그래서 서로 간의 규칙을 끊임없이 생성하고 소통하면서 서로의 신뢰 기반을 확충하는 문화를 추구한다. 그들 역시 누구나처럼, 선택이 빚어내는 여러 문제 앞에 놓여 있다. 사랑의 '참여자'가 여러 명이기 때문에 발생하는 문제, 가족을 '만들어 나가는' 문제, 육아와 가사 등의 문제. 그야말로 끈적끈적한 생의 문제들. 그들은 이 문제들 앞에서 자신들의 문화로 대응하고, 동시에 자신들의 문화를 삶의 영역 안에서 다듬어 나간다. 폴리아모리를 단지 근대 이전의 '정열적인 사랑'으로 회귀하자는 현상으로만 정의할 수 없다. 오히려 치열한 노력과 생의 충돌을 통해 빚어지는 사랑을 직시하고 유지하는 현장에 가깝다. 이 책은 그 현장을 담담하게 옮겼다. 저자는 폴리아모리를 열심히 알리다가도 때로는 그들에게 놀라 주춤거린다. 대상화한 현장을 응시하는 저자와 그 현장에 휩쓸리고 부닥치는 저자가 교차하며 폴리아모리에 대해 차분하게 생각할 공간을 열어준다. 이 책은 아마도, 곧 많은 한국인들이 겪게 될 다양한 마음들의 예고편으로 읽힐 수 있으리라.

사랑과 사람을 소유하지 않는다는 명제가 쉽게 수용되지 않는 세상이다. 길어 봤자 100년 남짓 살다 가는 개인의 입장에서 하나의 세상은 당연한 세계로 인식된다. 하지만 하나의 세상은 많은 이들의 의도(대개는 돈 많고 힘센 이들의 것이다)에 의해 치밀하게 배치되고, 그것이 강력하게 작동하며 만들어진 것이다. 가령 현대의 사랑 및 결혼의 윤리와 형태는 최근 한 세기 동안 장착된 문화다. 하지만 생애 주기가 짧은 개인은 이런 변천의 내막을 실감하기 어렵다. 그래서 우리는 (힘세고 나쁜) 세상에 대해서 분통을 터뜨리지만 그 세상이 구성한 규율과 윤리에는 쉽게 수긍하고 순종한다. 내 삶에 세상의 규율과 윤리를 장착해서 어떤 세계가 옳니 그르니 열심히 따져보고 고민하는 것이다. 그러니 세상 자체는 바뀌지 않을 수밖에. 그래서 보다 최대한의 세계, 그 가능성을 믿고서 스스로의 내적 윤리와 가치를 만들 수 있는 개인들이 중요하다. 그들이 곧 새로운 세상의 가능성이기 때문이다. 언젠가는 비독점적인 다자간 세계를 얘기하고 실천할 수 있겠지. 그 출발이 사랑이면 좋겠다. 이 책을 번역하며 떠오른 잡감雜感이자 희망을 옮겼다. 작은 삽질에 동참해준 해피북미디어 출판사에 깊이 감사한다.

역자를 대표하여, 곽규환

참고문헌

일본어 문헌

アサド タラル,『世俗の形成—キリスト教, イスラム, 近代』, 中村圭志訳, みすず書房, 2006.

江國香織,『きらきらひかる』, 新潮文庫, 1994; 에쿠니 가오리(김난주 역),『반짝반짝 빛나는』, 소담출판사, 2001.

岡本太郎,『一平 かの子—心に生きる凄い父母』, チクマ秀版社, 1995.

カスタネダ カルロス,『ドン・ファンの教え』, 真崎義博訳, 太田出版, 2012; 카를로스 카스타네다(김상훈 역),『돈 후앙의 가르침: 멕시코 야키 족의 초월적 지식체계』, 정신세계사, 2014.

亀井俊介,『ピューリタンの末裔たち—アメリカ文化と性』, 研究社出版, 1987.

亀井俊介,『性革命のアメリカ—ユートピアはどこに』, 講談社, 1989.

ジブラン カリール,『預言者』, 佐久間彪訳, 至光社, 1984.

ジラール ルネ,『欲望の現象学—文学の虚偽と真実』, 古田幸男訳, 法政大学出版局, 1971; 르네 지라르(김치수 · 송의경 역),『낭만적 거짓과 소설적 진실』, 한길사, 2001.

鈴木透,『生と暴力のアメリカ—理念先行国家の矛盾と苦悶』, 中公新書, 2006.

瀬戸内晴美,『かの子撩乱』, 講談社文庫, 1979.

立花隆,『アメリカ性革命報告』, 文春文庫, 1984.

田中優子,『江戸の恋―「粋」と「艶気」に生きる』, 集英社新書, 2002.
中山紀子,「嫉妬する夫―トルコの夫婦と性的隔離」(『性の文脈』, 松園万亀雄編, 雄山閣, 2003 所収)
ナンシー ジャン=リュック,『複数にして単数の存在』, 加藤恵介訳, 松籟社, 2005.
ハインライン ロバート,『異星の客』, 井上一夫訳, 創元推理文庫, 1969; 로버트 A. 하인라인(장호연 역),『낯선 땅 이방인』, 시공사, 2017.
バトラー ジュディス,『自分自身を説明すること―倫理的暴力の批判』, 佐藤嘉幸・清水知子訳, 月曜社, 2008; 주디스 버틀러(양효실 역),『윤리적 폭력 비판: 자기 자신을 설명하기』, 인간사랑, 2013.
フーコー ミシェル,『性の歴史Ⅲ 自己への配慮』, 田村俶訳, 新潮社, 1987; 미셸 푸코(이혜숙・이영목 역),『성의 역사3: 자기 배려』, 나남, 1994.
フーコー ミシェル,『フーコー・コレクション5 性・真理』, 小林康夫, 石田英敬, 松浦寿輝編, ちくま学芸文庫, 2006.
古橋信孝,『古代の恋愛生活―万葉集の恋歌を読む』, NHKブックス, 1987.
フロム エーリッヒ,『生きるということ』, 佐野哲郎訳, 紀伊国屋書店, 1977; 에리히 프롬(최혁순 역),『소유냐 존재냐』, 범우사, 1999.
ベンヤミン ヴァルター,『ヴァルター・ベンヤミン著作集14 書簡Ⅰ』, 野村修編, 晶文社, 1975.

真木悠介,『自我の起原—愛とエゴイズムの動物社会学』, 岩波現代文庫, 2008.
松長有慶,「序章 タントラの夜明け」(ムケルジー アジット,『タントラ 東洋の知恵』, 松長有慶訳, 新潮選書, 1981 所収)
ミレット ケイト,『性の政治学』, 藤枝澪子ほか訳, ドメス出版, 1985; 케이트 밀레트(정의숙 역),『성의 정치학』상 · 하, 현대사상사, 1990.
牟田和恵編,『家族を超える社会学—新たな生の基盤を求めて』, 新曜社, 2009.
ヨコタ村上孝之,『色男の研究』, 角川選書, 2007.
吉本隆明,『超恋愛論』, 大和書房, 2004.
リマー ロバート,『ハラード実験—米国ハラード大学男女学生の婚前交渉実験ノート』, 斯波五郎訳, オリエンタルコーポレーション, 1968.
リンギス アルフォンソ,『信頼』, 岩本正恵訳, 青土社, 2006; 알폰소 링기스(김창규 역),『길 위에서 만나는 신뢰의 즐거움: '진정한 나'를 찾아 떠나는 신뢰로의 여행』, 오늘의책, 2014.
ルーリオ ラダ · C ,『タントラライフ—変容のヴィジョン』, 澤西康史訳, 和尚エンタープライズジャパン, 2003.

비일본어 문헌

Anapol, D. M., *Love without Limits: The Quest for Sustainable Intimate Relationships: Responsible Nonmonogamy*. Intinet Resource Center, 1992.

Anapol, D. M., *Polyamory: The New Love without Limits*. Intinet Resource Center, 1997. (アナポール デボラ, 『ポリアモリー――恋愛革命』, 堀千恵子訳, インターシフト, 2004.)

Conley, T. D., Moors, A. C., Matsick, J.L., & Ziegler, A., The fewer the merrier?: Assessing stigma surrounding non-monogamous romantic relationships. *Analyses of Social Issues and Public Policy*, 13(1), pp.1-30, 2013.

Easton, Dossie and Hardy, W. Janet, *The Ethical Slut: A Practical Guide to Polyamory, Open Relationships & Other Adventures*. Celestial Arts, 2009.

Nearing, Ryam, *Polyfidelity: Sex in the Kerista Commune and Other Related Theories on How to Solve the World's Problems*. Performing Arts Social Society, 1984.

Page, E., Mental health services experiences of bisexual women and bisexual men: An empirical study. *Journal of Bisexuality*, 3(3/4), pp.137-160, 2004.

Veaux, Franklin & Rickert, Eve, *More Than Two: A Practical Guide to Ethical Polyamory*. Thorntree Press, 2014.

웹페이지

Bennett, Jessica. "Polyamory - relationships with multiple, mutually consenting partners - has a coming-out party". Newsweek Magazine Online. 2009. http://www.newsweek.com/polyamory-next-sexual-revolution-82053 (참조 2015-3-18)

Centers for Disease Control and Prevention, "Sexual Behavior and Selected Health Measures: Men and Women 15-44 Years of Age, United States, 2002". Advance Data: From Vital and Health Statistics. Number 362. 2005. http://www.cdc.gov/nchs/data/ad/ad362.pdf (참조 2015-3-18)

Cunning, Minx, "PW324: Poly parenting with Sierra Black". Polyamory Weekly. 2012. http://polyweekly.com/2012/06/pw-324-poly-parenting-with-sierra-black/ (참조 2015-3-11)

Dorian, Marc and Mendelsohn, Michael. "Honey, I'm Home From My Date: Mass, Families open Up About Open Marriage". Abc NEWS. 2012. http://abcnews.go.com/Health/honey-home-data-mass-families-open-open-marriage/story?id=16171027 (참조 2015-3-11)

Labriola, Kathy. "Poly Living Styles: Should we all live together?". Kathylabriola.com. http://www.kathylabriola.com/articles/poly-living-styles-should-we-all-live-together (참조 2015-3-18)

Nearing, Ryam. Loving More Survey: Polyamory Demography

– the "Loving More Magazine" Study 2000. The Kinsey Institute. 2000.
http;//www.lovemore.com/polyamory-articles/2012-lovingmore-polyamory-survey/ (참조 2015-3-18)
Trask, Robyn. Polyamory Movement Headed for Rough Seas as the Wave Crosses into the Mainstream. Loving More Magazine. 2011.http://www.lovemore.com/poly/polyamory-movement-headed-for-rough-seas-as-the-wave-crosses-into-the-mainstream/ (참조 2015-3-18)
Wagner, Anita. "Emotional Edge Play: Polyamory for BDSM/Leather/Fetish Folk". Practical Polyamory. 2010. http://www.practicalpolyamory.com/images/Emotional_Edge_Play_Handout.pdf (참조 2015-3-18)

웹사이트

Child WILD: embracing the wild heart of parenting. http://childwild.com/
LOVING MORE: http://lovemore.com/
Meetup: http://www/meetup.com/

폴리아모리 새로운 사랑의 가능성

초판 1쇄 발행 2018년 3월 30일
2쇄 발행 2019년 10월 23일

지은이 후카미 기쿠에
옮긴이 곽규환 · 진효아
펴낸이 권경옥
펴낸곳 해피북미디어
등록 2009년 9월 25일 제2017-000001호
주소 부산광역시 동래구 우장춘로68번길 22
전화 051-555-9684 | 팩스 051-507-7543
전자우편 bookskko@gmail.com

ISBN 978-89-98079-27-7 03330

* 책값은 뒤표지에 있습니다.

* 파본은 구입하신 서점에서 바꾸어 드립니다.

* 이 도서의 국립중앙도서관 출판시도서목록(CIP)은 서지정보유통지원시스템 홈페이지(http://seoji.nl.go.kr)와 국가자료공동목록시스템(http://www.nl.go.kr/kolisnet)에서 이용하실 수 있습니다.(CIP제어번호: 2018007737)

:: 해피북미디어가 펴낸 책 ::

을숙도, 갈대숲을 거닐다 이상섭 르포산문집

노루똥 정형남 소설집

촌놈 되기: 신진 시인의 30년 귀촌 생활 비록 신진 지음

해운대 바다상점: 마을기업 에코에코협동조합, 바다에 빠지다
화덕헌 지음 | 만원의 행복 01

감천문화마을 산책: 감천 사람과 문화를 품다 임회숙 지음
* 2017 '문화가 있는 날' 2월 도깨비 책방 선정도서

청중의 발견 김창욱 음악비평집 | 예술문화총서 01

그 섬에서의 생존방식 김지용 희곡집 | 예술문화총서 02
* 2014 세종도서 우수문학도서

공공미술, 도시의 지속성을 논하다 구본호 지음 | 예술문화총서 03
* 2014 한국연구재단 인문사회분야 우수저서

한국 근대 서화의 생산과 유통 이성혜 지음 | 예술문화총서 04
* 2015 세종도서 우수학술도서

비어짐을 담은 사발 하나 최은영 희곡집 | 예술문화총서 05
* 2015 세종도서 우수문학도서

일상의 몸과 소통하기 강미희 지음 | 예술문화총서 06

필연 사라 · 김노환 지음

자연에서 길을 찾다 박정덕 지음
박정덕 선생이 들려주는 자연치유와 생명 이야기

수다, 꽃이 되다 임숙자 엮음 | 백복주 사진

대천마을, 사진을 꺼내들다 대천마을도서관 엮음

숲에서 행복한 아이들 최현숙 지음

북양어장 가는 길 최희철 지음
미시적 사건으로서의 1986-1990년 북태평양어장

인연 정민자 시집

사람을 위한 회계 주태순 지음

누구나 쉽게 이해할 수 있는 회계 원리

범죄의 재구성 현직수사관의 실화소설 | 곽명달 지음

비평의 비평: 우리 시대의 중견 비평가론 오늘의문예비평 엮음

씽푸춘, 새벽 4시 조미형 소설집

진경산수 정형남 소설집

자연에 깃든 사람의 시-신진론 오정혜 · 허정 · 김남영 엮음